JN098657

2021年改訂

コーポレート
ガバナンス・コード
の実務対応

PwCあらた有限責任監査法人
コーポレートガバナンス強化支援チーム［編］

中央経済社

はじめに

(本書の目的)

　2015年にわが国に初めて導入されたコーポレートガバナンス・コードは，今般2回目の改訂が行われ，2021年6月に東京証券取引所の上場規則に反映されました。本書では2021年コーポレートガバナンス・コード改訂のポイントについて解説するとともに，コーポレートガバナンス・コード（以下，「コード」という）全般の適用に際して留意すべきポイントについてもあわせて整理しています。原則主義を採用しているコードの趣旨を各企業が適切に解釈した上で真摯にコーポレートガバナンスの向上に取り組む際に，実務対応の参考になれば幸いです。

(2021年コード改訂の背景と概要)

　今回のコード改訂のために，金融庁と東京証券取引所とを共同事務局とする「スチュワードシップ・コード及びコーポレートガバナンス・コードのフォローアップ会議」において2020年10月から継続的な議論が行われましたが，議論に際して考慮された背景には以下がありました。

① 　新型コロナウイルス感染症拡大の状況とサステナビリティ対応の要請

　　コロナ禍の状況は，多くの企業の取締役会がDX（デジタルトランスフォーメーション）や働き方の変革，With/Afterコロナにおける企業戦略の検討などの課題に向き合う機会となりました。また，近年世界的な課題となってきたESG/SDGsやサステナビリティ・気候変動対応などの課題と相まって，企業のPurpose（存在意義）自体の再確認が求められているといえます。このような状況を受けて，コード改訂のためのフォローアップ会議の議論は，「コロナ後の企業の変革に向けたコーポレートガバナンスの課題」からスタートしました。

② 　東京証券取引所の市場区分改革との関連

　　2022年4月に予定されている東京証券取引所の新市場区分では，既存の市場がプライム市場，スタンダード市場，グロース市場の3つの区分に再編されることになります。今回のコード改訂に際しては，プライム市場上場会社に求め

られる「より高いガバナンス水準」について改訂コードで示されることが想定されていたことから，これらの具体的な指針について議論がなされました。

　これらを含め，コードの改訂に至る経緯については，本書の第1章「コーポレートガバナンス・コード改訂（2021年）の経緯」で解説しています。

　今回の改訂では，「サステナビリティをめぐる課題への取組み」，「企業の中核人材の多様性の確保」，「取締役会の構成（独立社外取締役の人数・スキルマトリックスの開示等）」，「指名・報酬委員会の役割と権限の明確化」などについて諸原則が追加・修正されることとなりました。また，プライム市場上場会社については「TCFD（Task Force on Climate-related Financial Disclosures：気候関連財務情報開示タスクフォース）あるいは同等のフレームワークに基づく気候変動開示」，「独立社外取締役比率3分の1以上（必要と考える場合には過半数）」，「指名・報酬委員会の独立性，権限や役割の開示」などについて一段と高い水準となる内容が織り込まれています。これらの改訂内容と実務対応のポイントについては本書の第3章「コーポレートガバナンス・コードの2021年改訂ポイント」で詳述しています。なお，東京証券取引所の市場区分改革との関連については，本書の第2章「東証市場区分の再編」を併せて参照ください。

（対話ガイドラインの改訂）

　一連のフォローアップ会議において議論されたポイントのいくつかは，コードの諸原則の改訂という形に至らなかったものの，コードと同時に改訂された「投資家と企業の対話ガイドライン」（以下，「対話ガイドライン」という）に織り込まれたものもあります。対話ガイドラインは，従前よりスチュワードシップ・コードとコーポレートガバナンス・コードの附属文書と位置づけられており，機関投資家等と企業の建設的対話に際して参考にすべき指針を示すものとされています。今回の改訂では，「取締役会議長とCEOの分離」，「取締役会の実効性評価における各取締役と各委員会の評価」，「有価証券報告書の株主総会前開示」，「機関投資家との対話の窓口としての筆頭独立社外取締役」などが対話ガイドラインへ加筆修正されています。これらの論点についても，コード改訂ポイントと同様に，自社の対応状況について振り返ることが望まれます。本書の第3章「コーポレートガバナンス・コードの2021年改訂ポイント」では，対話ガイドラインの改

訂ポイントについても併せて解説しています。

(グローバルスタンダードを見据えた各企業における対応)

　今回の改訂ポイントに目が行きがちではありますが，コーポレートガバナンスに関する取り組みは各社それぞれであり，また終わりのない旅ともいえますので，自社の体制と実務を常に振り返り，より良い体制と実務を目指す取り組みを続けていくことが望まれます。本書の第4章「コーポレートガバナンス・コードの主な論点」では，今回改訂された諸原則以外についても実務対応のポイントを解説しています。

　プリンシプルベースを採用するコーポレートガバナンス・コードでは，各企業がコードに記載されている諸原則の趣旨を適切に理解した上で，自社の状況を鑑みた実効性のある対応を行うことが求められます。また，コンプライ・オア・エクスプレインが採用されているコードでは，必ずしも諸原則へのコンプライが優先されるものではなく，自社の状況に応じて代替的な方法を採用しエクスプレインすることがより適切な場合もあり得ます。

　コーポレートガバナンス・コードは，米国を除く先進国のほとんどで導入されており，各国のコードは定期的に見直しが行われています。また，各国それぞれの経済状況や歴史的背景，政策的背景等がコードの内容に投影されることにより，それぞれに特徴があります。わが国のコードは2015年の導入以降，2018年，2021年と3年ごとに改訂が行われましたが，今後も3年ごとをめどに見直しが行われることが想定されます。今回改訂されたわが国のコードでは，いくつかの点でこれまでよりも取締役会の監督機能をより高めていますが，諸外国のコードの内容と比較すると，グローバルスタンダードとされる水準には至らないところがあるということは認識しておくべきでしょう。例えば，独立社外取締役比率を過半数とすることや議長とCEOを分離することなどは，諸外国のコードでは概ね標準的な要求水準ですので，今後わが国の状況が変化していけば，さらに取締役会の独立性を高める方向で将来改訂が行われることも十分想定されます。本書の第5章「海外のコーポレートガバナンス・コードとの比較」では，諸外国のコードと改訂コードの内容を比較していますので，グローバルスタンダードを見据えた対応を検討される際のご参考になれば幸いです。

　本書の執筆は，PwCあらた有限責任監査法人のコーポレートガバナンス強化

支援チームのメンバーが担当しました。本書を出版するにあたり中央経済社様から頂戴したご尽力に深謝申し上げます。

2021年8月

PwCあらた有限責任監査法人
コーポレートガバナンス強化支援チームリーダー
パートナー　公認会計士　公認不正検査士

小林昭夫

目　　次

<table>
<tr><td>**第4章**</td><td>**コーポレートガバナンス・コードの主な論点** ………………………… 89</td></tr>
</table>

IV

1

第1章

コーポレートガバナンス・コード
改訂（2021年）の経緯

第1節　コーポレートガバナンス・コードの概要

　コーポレートガバナンス・コード改訂（2021年）の経緯を説明するにあたり，コーポレートガバナンス・コードの概要について振り返りたいと思います。

1 ┃ コーポレートガバナンス・コード導入の背景

　コーポレートガバナンス・コードが2015年にわが国に導入された背景には，日本企業および資本市場が長年にわたる株価の低迷や低水準のROE（自己資本利益率）により，国際的な競争力を失いつつあるとの危機感がありました。日本経済全体の国際競争力低下の原因の1つとして，日本企業のコーポレートガバナンスが諸外国と比較して脆弱である点が指摘されており，わが国経済が長期の低迷から脱却するために，コーポレートガバナンスの強化によって企業が「稼ぐ力」を取り戻すこと，すなわち，日本企業の収益性の向上が急務であるとの認識がありました。コーポレートガバナンスの強化をインベストメント・チェーン[1]改革の1つとして進めることにより，わが国資本市場の魅力を向上させ，海外投資家からのリスクマネーの受け皿となることが期待されていました。そのような背景から，不祥事を防止するための「守りのガバナンス」にとどまらず，企業のリスクテイクを後押しするための「攻めのガバナンス」への取り組みを行うべく，成長戦略としての「日本再興戦略」が2013年6月に閣議決定されるに至っています。
　この2013年の「日本再興戦略」において，「機関投資家が，対話を通じて企業の中長期的な成長を促すなど，受託者責任を果たすための原則（日本版スチュ

ワードシップ・コード）について検討し，取りまとめる」との施策が盛り込まれたことを受け，「日本版スチュワードシップ・コードに関する有識者検討会」が設置され，6回にわたる議論を経て，2014年2月には「『責任ある機関投資家』の諸原則《日本版スチュワードシップ・コード》」（以下，スチュワードシップ・コードという）が策定されています。

　さらにその後，2014年6月に閣議決定された「『日本再興戦略』改訂2014」において，「東京証券取引所と金融庁を共同事務局とする有識者会議において，秋頃までを目途に基本的な考え方を取りまとめ，東京証券取引所が，来年の株主総会のシーズンに間に合うよう新たに「コーポレートガバナンス・コード」を策定することを支援する」との施策が盛り込まれたことを受けて，「コーポレートガバナンス・コードの策定に関する有識者会議」が設置され，9回にわたる議論を経て「コーポレートガバナンス・コード（原案）」が取りまとめられ，2015年3月に最終化されました。その後，東京証券取引所の上場規則に反映される形でわが国最初のコーポレートガバナンス・コードの適用が2015年6月より開始されました。

【図表1-1】インベストメント・チェーン

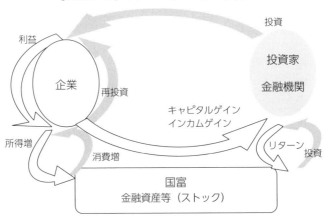

出所：経済産業省　経営者・投資家フォーラム第1回配布資料「議論のための基礎資料」（2015年6月10日）。

2 ┃ コーポレートガバナンス・コードの目的

　コーポレートガバナンス・コードの目的は，上場会社の持続的な成長と中長期的な企業価値の向上にあります。会社におけるリスクの回避・抑制や不祥事の防止といった側面を過度に強調するのではなく，健全な企業家精神の発揮を促す「攻めのガバナンス」の実現を目指すものです。また，会社が自らのガバナンス上の課題について自律的に対応する取り組みが期待されています。さらに，スチュワードシップ・コードに基づく株主（機関投資家）と会社との間の建設的な対話によって，中長期的な企業価値の向上を目指すものです。スチュワードシップ・コードとコーポレートガバナンス・コードは，「車の両輪」と言われ，両者が適切に相まってわが国のインベストメント・チェーン全体の改革につながることが期待されています。

【図表1-2】スチュワードシップ・コードとコーポレートガバナンス・コードの関係

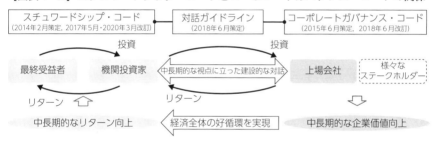

出所：東京証券取引所「コーポレートガバナンス・コードの全原則適用に係る対応について」（2021年2月15日作成）。

3 ┃ プリンシプルベース・アプローチ（原則主義）

　規範や基準の定め方として，ルールベース・アプローチ（細則主義）とプリンシプルベース・アプローチ（原則主義）があります。コーポレートガバナンス・コードは，プリンシプルベース・アプローチ（原則主義）を採用しています。ルールベース・アプローチ（細則主義）は対応方法を細かく規定するもので，日本や米国の会計基準が主に採用する手法です。これに対して，プリンシプルベース・アプローチ（原則主義）では，対応方法を細かく規定するのではなく，原則のみを示すことで，その適用を企業が柔軟に行うことができるという特徴があり，

国際財務報告基準（IFRS）が採用しています。プリンシプルベース・アプローチ（原則主義）を採用するコーポレートガバナンス・コードでは，各社が各原則の趣旨を理解した上で，形式的な文言や記載にとらわれず，自社の状況を踏まえて解釈し適用することが求められます。

4 ┃ コンプライ・オア・エクスプレイン

　コーポレートガバナンス・コードはコンプライ・オア・エクスプレインを採用しています。コンプライ・オア・エクスプレインとは，「原則を実施するか，実施しない場合にはその理由を説明する」ということです。基本原則，原則，補充原則の中に，会社の事情に照らして実施することが適切でないと考える原則があれば，それを「実施しない理由」を十分に説明することにより，一部の原則を実施しないことが想定されています。

　コンプライ（実施）しない場合には，エクスプレイン（説明）することが求められており，コンプライしていることが必ずしも合格点であるというわけではありません。そのため，コンプライしていない会社に対して機械的に不合格点を与えることのないような姿勢が投資家には求められます。また，企業側は，拙速にコンプライすることばかりを考えるのではなく，企業が置かれている現状や今後のガバナンスの在り方を十分に検討した上でエクスプレインすることが，投資家との建設的な対話に向けて，むしろ望ましい場合があることも十分に認識することが必要です。現状はコンプライすることが難しいものの，コンプライできるよう今後対応準備を進める場合には，いつコンプライできる見込みなのか，その予定を開示することも有用です。

　また，「コンプライ・アンド・エクスプレイン」，すなわちコンプライしている原則についてもエクスプレインすることが推奨されます。コーポレートガバナンス・コードが求める企業と投資家との建設的な対話においては，コーポレートガバナンスに対するトップマネジメントの考えが反映されるよう，企業には自らの言葉で語ることが期待されています。単にコンプライしていると記載するのではなく，どのようにコンプライしているかエクスプレインすることで，コーポレートガバナンスに対する考え方を利害関係者に積極的に示す姿勢が企業には求められています。

5 ┃ コーポレートガバナンス・コードの基本構造

コーポレートガバナンス・コードは以下の5章から構成されています。

第1章　株主の権利・平等性の確保
第2章　株主以外のステークホルダーとの適切な協働
第3章　適切な情報開示と透明性の確保
第4章　取締役会等の責務
第5章　株主との対話

それぞれの章は，ⓐ基本原則，ⓑ原則，ⓒ補充原則から構成されています。ⓐ基本原則は，ガバナンスの充実により実現すべき普遍的な理念・目標を示した規範です。ⓑ原則は，基本原則を実現するために一般的に留意・検討されるべき事項であり，ⓒ補充原則は，上場会社各社において採用が検討されるべきベスト・プラクティスと位置づけられています[2]。

6 ┃ 適用対象

東京証券取引所の本則市場（市場第一部・第二部）の上場会社は，コーポレートガバナンス・コードの全原則（基本原則，原則，補充原則）について，マザーズおよびJASDAQの上場会社は，コーポレートガバナンス・コードの基本原則について適用対象となり，実施しないものがある場合には，その理由を説明することが求められます。なお，2022年4月に予定されている東京証券取引所の市場区分変更に関連して，コーポレートガバナンス・コード改訂（2021年）の適用対象が変わります。詳細は，第2章　東証市場区分の再編　第2節　新市場区分の概要をご参照ください。

第2節　改訂（2021年）に向けたこれまでの動き

2014年2月に「スチュワードシップ・コード」が，2015年6月に「コーポレートガバナンス・コード」が適用開始されましたが，両コードの普及・定着状況をフォローアップするとともに，上場企業全体のコーポレートガバナンスのさらなる充実に向けて，必要な施策を議論・提言することを目的として，金融庁および

東京証券取引所を事務局とする「スチュワードシップ・コード及びコーポレートガバナンス・コードのフォローアップ会議」（以下,「フォローアップ会議」という）を設置することを2015年8月に金融庁が公表しました。

その後の大きな動きとしては，2017年5月にスチュワードシップ・コードの1回目の改訂，2018年6月にコーポレートガバナンス・コードの1回目の改訂および投資家と企業との対話ガイドラインの策定，2020年3月にスチュワードシップ・コードの2回目の改訂が行われています。

「投資家と企業の対話ガイドライン」（以下,「対話ガイドライン」という）は，スチュワードシップ・コードおよびコーポレートガバナンス・コードの実効的な「コンプライ・オア・エクスプレイン」を促すため，機関投資家と企業の対話において重点的に議論することが期待される事項として取りまとめられました。

【図表1-3】 2015年のコーポレートガバナンス・コード策定以降の主な動き

日　程	内　容
2015年9月24日〜 2015年10月20日	フォローアップ会議（第1回〜第2回）
2015年10月20日	コーポレートガバナンス・コードへの対応状況と今後の会議の運営方針「スチュワードシップ・コード及びコーポレートガバナンス・コードのフォローアップ会議」意見書(1)
2015年11月24日〜 2016年2月18日	フォローアップ会議（第3回〜第6回）
2016年2月18日	会社の持続的成長と中長期的な企業価値の向上に向けた取締役会のあり方「スチュワードシップ・コード及びコーポレートガバナンス・コードのフォローアップ会議」意見書(2)
2016年4月26日〜 2016年11月8日	フォローアップ会議（第7回〜第10回）
2016年11月30日	機関投資家による実効的なスチュワードシップ活動のあり方〜企業の持続的な成長に向けた「建設的な対話」の充実のために〜「スチュワードシップ・コード及びコーポレートガバナンス・コードのフォローアップ会議」意見書(3)
2017年5月29日	スチュワードシップ・コード改訂
2017年10月18日〜 2018年3月13日	フォローアップ会議（第11回〜第15回）
2018年3月30日	コーポレートガバナンス・コード改訂案 投資家と企業の対話ガイドライン（案）
2018年6月1日	コーポレートガバナンス・コード改訂 投資家と企業の対話ガイドライン策定

2018年11月27日〜 2019年4月10日	フォローアップ会議（第16回〜第19回）
2019年4月24日	コーポレートガバナンス改革の更なる推進に向けた検討の方向性「スチュワードシップ・コード及びコーポレートガバナンス・コードのフォローアップ会議」意見書(4)
2020年3月24日	スチュワードシップ・コード改訂
2020年10月20日〜 2020年12月8日	フォローアップ会議（第20回〜第22回）
2020年12月18日	コロナ後の企業の変革に向けた取締役会の機能発揮及び企業の中核人材の多様性の確保「スチュワードシップ・コード及びコーポレートガバナンス・コードのフォローアップ会議」意見書(5)
2021年1月26日〜 2021年3月31日	フォローアップ会議（第23回〜第26回）
2021年4月7日	コーポレートガバナンス・コード改訂案 投資家と企業の対話ガイドライン改訂案
2021年6月11日	コーポレートガバナンス・コード改訂 投資家と企業の対話ガイドライン改訂

出所：金融庁ウェブサイトを基に筆者が作成。

　2015年に策定されたコーポレートガバナンス・コードは，2018年に一度改訂され，2021年は2回目の改訂となります。フォローアップ会議が2020年10月に再開され，コーポレートガバナンス・コードおよび対話ガイドラインの改訂が議論されてきました。

【図表1-4】コーポレートガバナンス・コード改訂（2021年）に向けた
フォローアップ会議の開催概要

回	開催日	議題
第20回	2020年10月20日	・コロナ後の企業の変革に向けたコーポレートガバナンスの課題
第21回	2020年11月18日	・コロナ後の企業の変革に向けたコーポレートガバナンスの課題(2) ・コーポレートガバナンスと市場区分 ・取締役会の機能発揮と多様性の確保
第22回	2020年12月8日	・取締役会の機能発揮と多様性の確保(2) ・株主総会に関する課題
第23回	2021年1月26日	・グループガバナンス／株式の保有構造等 ・資本コスト関係
第24回	2021年2月15日	・ESG要素を含む中長期的な持続可能性（サステナビリティ）について ・企業と投資家の対話の充実／企業年金受益者と母体企業の利益相反管理

| 第25回 | 2021年3月9日 | ・監査の信頼性の確保／内部統制・リスクマネジメントについて
・その他の論点について |
| 第26回 | 2021年3月31日 | ・コーポレートガバナンス・コード改訂案
・投資家と企業の対話ガイドライン改訂案 |

出所：金融庁ウェブサイトを基に筆者が作成。

　コロナ禍を契機とした企業を取り巻く環境の変化の下で，持続的成長と中長期的な企業価値の向上の実現に向け，取締役会の機能の発揮，企業の中核人材の多様性の確保，サステナビリティを巡る課題への取組みといったガバナンスの諸課題に企業がスピード感をもって対応することが重要になっています。

　また，2022年4月より東京証券取引所において新市場区分の適用開始が予定されています。新市場区分におけるプライム市場は，日本を代表する，投資対象として優良な企業が集まる，国内のみならず国際的に見ても魅力あふれる市場となることが期待されています。プライム市場の上場会社は，一段高いガバナンスを目指して取り組みを進めていくことが求められます。新市場区分でのスタンダード市場やグロース市場においても，その上場会社はそれぞれの市場の特性に応じつつ，持続的な成長と中長期的な企業価値の向上を目指してガバナンスの向上に取り組むことが重要になります。

　コーポレートガバナンス・コードの改訂についてフォローアップ会議での議論が進む中，2020年12月には，企業がより高度なガバナンスを発揮する後押しをするために「コロナ後の企業の変革に向けた取締役会の機能発揮及び企業の中核人材の多様性の確保」（「スチュワードシップ・コード及びコーポレートガバナンス・コードのフォローアップ会議」意見書(5)）（以下，「意見書(5)」という）が公表されました。さらに，サステナビリティやグループガバナンス，監査に対する信頼性の確保などの項目についても議論・検討を重ね，意見書(5)の内容に加えて，「コーポレートガバナンス・コード」の改訂が提言されました。また，企業と機関投資家の建設的な対話を一層実効的なものとするため，「投資家と企業の対話ガイドライン」の改訂もあわせて提言されました。

　7回にわたるフォローアップ会議での議論を経て，2021年4月7日に東京証券取引所から「コーポレートガバナンス・コード」の改訂案が，同日に金融庁から「投資家と企業の対話ガイドライン」の改訂案が公表されました。また，2021年4月7日から5月7日まで意見募集（パブリック・コメント）が行われました（パブリック・コメントの概要については第3章第6節を参照）。

　フォローアップ会議で議論された全ての論点は「コーポレートガバナンス・コード」の改訂に直接的には反映されなかったものの，「投資家と企業の対話ガイドライン」の改訂に織り込まれたものもあります。そのため，企業は「投資家と企業の対話ガイドライン」の改訂についての対応もあわせて検討することが求められるでしょう。

第3節　コーポレートガバナンス・コードを実践するための実務指針（経済産業省）

　コーポレートガバナンス・コードはプリンシプルベース・アプローチ（原則主義）であり，各企業がコードの各原則の趣旨を理解した上で，形式的な文言や記載にとらわれず，自社の状況を踏まえて解釈し適用することとなっています。コードの精神を踏まえてどのような実務対応を行うべきかは，各企業が頭を悩ませることが多いと思われます。また，他の企業はどのような実務対応を行っているのかについても関心が高いものと思われます。このため，経済産業省はコーポレートガバナンス・コードを実践するための実務指針として，これまで4つの実務指針を策定し公表しました。これらの実務指針が公表された背景について振り返りたいと思います。

　長年，株価の低迷が続いてきた日本がこの状況から脱却し，中長期的な企業価

【図表1-5】コーポレートガバナンス・コードを実践するための実務指針
（経済産業省）

コーポレートガバナンス・コード（東京証券取引所）

コーポレートガバナンス・コードを実践するための実務指針（経済産業省）

コーポレート・ガバナンス・システムに関する実務指針（CGSガイドライン）	グループ・ガバナンス・システムに関する実務指針（グループガイドライン）	事業再編実務指針〜事業ポートフォリオと組織の変革に向けて〜（事業再編ガイドライン）	社外取締役の在り方に関する実務指針（社外取締役ガイドライン）

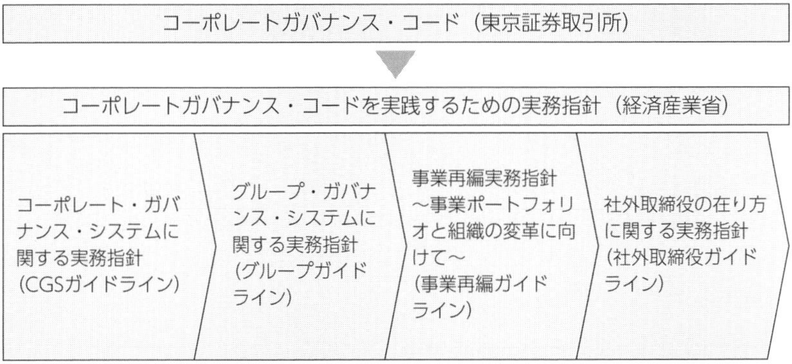

出所：経済産業省ウェブサイトを基に筆者が作成。

値と「稼ぐ力」の向上を図るためには，コーポレートガバナンスに関する課題を乗り越えることが必要です。日本のコーポレートガバナンス改革は，これまで会社法の改正，スチュワードシップ・コードの策定，コーポレートガバナンス・コードの策定など，コーポレートガバナンスに関連する枠組みの整備とあわせて進んでいます。このような中，社外取締役の導入による取締役会の構成の多様化等により，意思決定の迅速化を図るガバナンス体制を志向する企業が増加している状況を踏まえ，企業ニーズに対応するべく，国内外の制度や取り組み事例を整理した上で，日本の制度や実態を踏まえた取締役会の機能向上（モニタリング機能の強化）を図る場合の考え方や実務について検討を行うため，2016年7月に「CGS研究会」（コーポレート・ガバナンス・システム研究会。座長：神田秀樹学習院大学大学院法務研究科教授）が設置されました。

　CGS研究会の第1期では9回にわたる議論を経て，第1期の報告書として2017年3月10日に「CGS研究会報告書〜実効的なガバナンス体制の構築・運用の手引〜」（CGSレポート）が公表されました。これを受けて，2017年3月31日に「コーポレート・ガバナンス・システムに関する実務指針（CGSガイドライン）」が策定されました。

　その後，「グループガバナンス」の在り方の検討や日本企業のガバナンス強化に向けた取り組みを「形式」から「実質」へと深化させる観点でCGSガイドラインのフォローアップを行うため，CGS研究会が第2期に入りました。第2期では9回にわたる議論を経て，2018年9月28日に「コーポレート・ガバナンス・システムに関する実務指針」（CGSガイドライン）改訂版が公表されました。さらに，7回にわたる議論を経て，2019年6月28日にCGS研究会（第2期）報告書が公表され，同日，「グループ・ガバナンス・システムに関する実務指針（グループガイドライン）」が策定されました。

　また，コーポレートガバナンス改革を「形式」から「実質」へと深化させるためには，社外取締役がより実質的な役割を果たしその機能を発揮することが重要であることから，社外取締役の役割認識や心構え，期待される役割を果たすための具体的な行動の在り方やこれを支えるサポート体制の在り方についてCGS研究会にて検討することとなりました。2回にわたる議論を経て，2020年7月31日に「社外取締役の在り方に関する実務指針（社外取締役ガイドライン）」が策定されました。

　加えて，企業が持続的な成長を実現していくためには，経営資源をコア事業の

強化や成長事業・新規事業への投資に集中させることが必要であり，事業ポートフォリオの見直しとこれに応じた事業再編の実行が急務となっていたものの，日本においては，合併・買収（M&A）と比較すると，事業の切出しに対しては消極的な企業も多く，必ずしも十分に行われていない状況にありました。こうした現状を踏まえ，「新たな成長戦略実行計画策定に関する中間報告」（2019年12月19日，未来投資会議）において，「企業価値向上のためのスピンオフを含めた事業再編を促進するため，取締役会の監督機能の強化等の在り方について指針をとりまとめる」との方向性が示されたことを受け，経済産業省では2020年1月に事業再編研究会（座長：神田秀樹　学習院大学大学院法務研究科教授）を設置しました。2020年7月17日に閣議決定された「成長戦略実行計画」において，「スピンオフを含む事業再編を促進するための実務指針を策定し，企業に対応を促す」との方針が示されたことも受け，事業再編研究会における6回の議論をまとめる形で，2020年7月31日に「事業再編実務指針〜事業ポートフォリオと組織の変革に向けて〜（事業再編ガイドライン）」が策定されました。

　4つの実務指針の概要については，巻末付録2をご参照下さい。

■注
1　さまざまな投資主体による長期的な価値創造を意識した，リターンを最終的に家計まで還元する一連の流れ。
2　東京証券取引所「コーポレートガバナンス・コードの全原則適用に係る対応について」（2021年2月15日作成）。

第**2**章

東証市場区分の再編

第1節　市場区分の再編の経緯

　2021年7月現在において，一般投資者向けの株式市場として，市場第一部（東証一部），市場第二部（東証二部），マザーズおよびJASDAQの4つの市場が運営されています。これまで，(1) 各市場区分のコンセプトが曖昧であり，多くの投資者にとって利便性が低い，(2) 上場会社の持続的な企業価値向上の動機づけの点で期待される役割を十分に果たせていない，(3) 投資対象としての機能性と市場代表性を備えた指数が存在しない，といった課題が指摘されていました。

　東京証券取引所では，市場構造を巡る諸問題やそれを踏まえた今後の在り方等を検討するため，2018年10月に「市場構造の在り方等に関する懇談会」（座長：神田秀樹 学習院大学大学院法務研究科教授）を設置する旨を公表し，2回にわたり懇談会を開催しました。また金融庁では，市場構造の在り方について，学識経験者，経済団体，アナリストなど関係各界の有識者から提言を得ることを目的として，2019年5月に金融審議会「市場構造専門グループ」を設置する旨を公表し，6回にわたる議論を経て，2019年12月27日に「金融審議会市場ワーキング・グループ『市場構造専門グループ報告書～令和時代における企業と投資家のための新たな市場に向けて～』」を公表しました。

　この報告書を受け，2020年2月21日に東京証券取引所は「新市場区分の概要等について」を公表しました。この中では，今後の市場区分の見直しに向けて，上場会社，上場準備会社，市場関係者などにおける対応の検討および準備に資するよう，公表時点で想定される新市場区分の概要，新市場区分への移行プロセスおよび今後のスケジュールが示されました。その後，東京証券取引所からは，市場

区分の再編に係る制度改正事項が順次公表されています。

　新型コロナウイルス感染症の拡大が企業活動・企業業績に多大な影響を与えている状況を踏まえ，新規上場の円滑化や上場後の中長期的な企業価値向上を促進するための環境整備を図るため，新規上場基準等の見直しを行うことや，財務状況に不安を抱える上場会社の資本政策・経営戦略の柔軟性向上のため，債務超過に係る上場廃止基準の見直しなどを行うことを目的として，2020年7月29日に東京証券取引所は，「資本市場を通じた資金供給機能向上のための上場制度の見直し（市場区分の再編に係る第一次制度改正事項）」を公表しました。

　また，新市場区分の上場制度の全体像，上場会社の市場選択の手続および新市場区分の上場維持基準を充たさない場合の経過措置について所要の制度整備を行い，新市場区分への円滑な移行を実現することを目的として，2020年12月25日に東京証券取引所は，「市場区分の見直しに向けた上場制度の整備について（第二次制度改正事項）」を公表しました。

　さらに，フォローアップ会議においてコーポレートガバナンス・コードの改訂が提言されたことを踏まえ，所要の上場制度の見直しを行うことを目的として，2021年4月7日に東京証券取引所は，「フォローアップ会議の提言を踏まえたコーポレートガバナンス・コードの一部改訂に係る上場制度の見直しについて（市場区分の再編に係る第三次制度改正事項）」を公表しました。

第2節　新市場区分の概要

　市場区分の見直しは，現在の市場区分を明確なコンセプトに基づいて再編することを通じて，上場会社の持続的な成長と中長期的な企業価値向上を支え，国内外の多様な投資者から高い支持を得られる魅力的な現物市場を提供することにより，豊かな社会の実現に貢献することを目的としています。2022年4月4日に，現在の市場区分を「スタンダード市場・プライム市場・グロース市場」の3つの市場区分に見直すことが予定されています。新市場区分では，明確なコンセプトを設定し，各市場区分のコンセプトに応じた時価総額（流動性），コーポレート・ガバナンスに関する基準，その他定量的・定性的な基準が設けられました。

【図表2-1】 新市場区分のコンセプト

スタンダード市場	プライム市場	グロース市場
公開された市場における投資対象として一定の時価総額（流動性）を持ち，上場企業としての基本的なガバナンス水準を備えつつ，持続的な成長と中長期的な企業価値の向上にコミットする企業向けの市場	多くの機関投資家の投資対象になりうる規模の時価総額（流動性）を持ち，より高いガバナンス水準を備え，投資家との建設的な対話を中心に据えて持続的な成長と中長期的な企業価値の向上にコミットする企業向けの市場	高い成長可能性を実現するための事業計画及びその進捗の適時・適切な開示が行われ一定の市場評価が得られる一方，事業実績の観点から相対的にリスクが高い企業向けの市場

出所：東京証券取引所「市場区分の見直しに向けた上場制度の整備について―第二次制度改正事項に関するご説明資料―」（2021年2月15日作成，2021年7月9日更新）を基に筆者が作成。

【図表2-2】 新規上場基準

項　目		スタンダード市場	プライム市場	グロース市場
形式基準				
流動性	株主数	400人以上	800人以上	150人以上
	流通株式数	2,000単位以上	2万単位以上	1,000単位以上
	流通株式時価総額	10億円以上	100億円以上	5億円以上
	時価総額	－	250億円以上	－
ガバナンス	流動株式比率	25％以上	35％以上	25％以上
経営成績	収益基盤	最近1年間の利益1億円以上	※A又はBを満たすこと A．最近2年間の利益合計25億円以上 B．売上高100億円かつ時価総額1,000億円以上	－
財政状態		純資産：正	純資産：50億円以上	－
公募		－	－	500単位以上
事業継続年数，虚偽記載又は不適正意見等，上場会社監査事務所による監査，株式事務代行機関の設置，単元株式数，株券の種類，株式の譲渡制限，指定振替機関における取扱い		（現行の本則市場の形式基準と同様）	（現行の本則市場の形式基準と同様）	（現行のマザーズの形式基準と同様）
合併等の実施の見込み				－

項　　目	スタンダード市場	プライム市場	グロース市場
上場審査			
1．企業の継続性及び収益性	継続的に事業を営み，かつ，安定的な収益基盤を有していること	継続的に事業を営み，安定的かつ優れた収益基盤を有していること	企業内容，リスク情報等の開示を適切に行うことができる状況にあること（「事業計画及び成長可能性に関する事項」の開示の状況を含めて確認）
2．企業経営の健全性	事業を公正かつ忠実に遂行していること	事業を公正かつ忠実に遂行していること	事業を公正かつ忠実に遂行していること
3．企業のコーポレート・ガバナンス及び内部管理体制の有効性	コーポレート・ガバナンス及び内部管理体制が適切に整備され，機能していること	コーポレート・ガバナンス及び内部管理体制が適切に整備され，機能していること	コーポレート・ガバナンス及び内部管理体制が，企業の規模や成熟度等に応じて整備され，適切に機能していること
4．企業内容等の開示の適正性	企業内容等の開示を適正に行うことができる状況にあること	企業内容等の開示を適正に行うことができる状況にあること	相応に合理的な事業計画を策定しており，当該事業計画を遂行するために必要な事業基盤を整備していること又は整備する合理的な見込みのあること
5．その他公益又は投資者保護の観点から当取引所が必要と認める事項	必要があれば記載	必要があれば記載	必要があれば記載
コーポレートガバナンス・コードの対象	全原則（プライム市場上場会社向けの原則を除く）	全原則（プライム市場上場会社向けの原則へのコンプライ・オア・エクスプレインを含む）	基本原則

出所：東京証券取引所「市場区分の見直しに向けた上場制度の整備について―第二次制度改正事項に関するご説明資料―」（2021年2月15日作成，2021年7月9日更新）を基に筆者が作成。

　現在の市場区分におけるコーポレートガバナンス・コード（以下，「コード」という）の適用対象は，市場第一部（東証一部）および市場第二部（東証二部）の上場企業については全原則，マザーズおよびJASDAQの上場企業については基本原則のみとなっています。これに対して，2022年4月4日に移行予定の新市

【図表2-3】上場維持基準

項　目		スタンダード市場	プライム市場	グロース市場
流動性	株主数	400人以上	800人以上	150人以上
	流通株式数	2,000単位以上	2万単位以上	1,000単位以上
	流通株式時価総額	10億円以上	100億円以上	5億円以上
	売買高	月平均売買高 10単位以上	1日平均売買代金 0.2億円以上	月平均売買高 10単位以上
ガバナンス	流動株式比率	25%以上	35%以上	25%以上
財政状態	純資産	正であること	正であること	正であること
時価総額		－	－	40億円以上 ※上場から10年経過後

出所：東京証券取引所「市場区分の見直しに向けた上場制度の整備について―第二次制度改正事項に関するご説明資料―」(2021年2月15日作成，2021年7月9日更新)を基に筆者が作成。

場区分におけるコードの適用対象は，プライム市場の上場企業については全原則（プライム市場上場会社向けの原則へのコンプライ・オア・エクスプレインを含む），スタンダード市場の上場企業については全原則（プライム市場上場会社向けの原則を除く），グロース市場の上場企業については基本原則のみとなっています。各市場区分のコンセプトにおいて，プライム市場では「より高いガバナンス水準」を，スタンダード市場では「基本的なガバナンス水準」を備えることが求められており，改訂コード（2021年）では，プライム市場上場会社に対してコンプライ・オア・エクスプレインを求める内容が明示されています。マザーズお

【図表2-4】コンプライ・オア・エクスプレインの対象範囲

	対象		
	基本原則	原則	補充原則
市場第一部	○	○	○
市場第二部	○	○	○
JASDAQスタンダード	○	－	－
マザーズ	○	－	－
JASDAQグロース	○	－	－

2022年4月4日以降	対象		
	基本原則	原則	補充原則
プライム市場	○	○ ＋ より高水準	○ ＋ より高水準
スタンダード市場	○	○	○
グロース市場	○	－	－

出所：東京証券取引所「コーポレートガバナンス・コードの改訂に伴う実務対応」(2021年4月作成，5月更新)。

よびJASDAQの上場企業が新市場区分におけるプライム市場またはスタンダード市場を選択する場合，コンプライ・オア・エクスプレインの対象範囲が大きく拡大することとなり，改訂後のコードに基づいて，基本原則（5原則）に加えて，原則（31原則）および補充原則（47原則）への対応が必要となります。

第3節　新市場への移行スケジュール

　上場会社は，各市場区分のコンセプトや上場基準を踏まえ，移行時に新たな市場区分を主体的に選択することができ，一斉移行日は2022年4月4日とされています。移行日に向けて予定される手続きとしては，まず，移行基準日は2021年6月30日とされ，新市場区分の上場維持基準に適合しているか否か，取引所による確認が行われます。その結果は2021年7月9日に各社に通知され，2021年9月1日〜12月30日が新市場区分の選択申請手続期間となります。選択申請手続期間には，選択する市場がプライム市場またはスタンダード市場である場合，2021年のコードの改訂の内容を反映したコーポレート・ガバナンスに関する報告書を提出，開示することが求められています。

【図表2−5】新市場への移行スケジュール

時　　期	内　　容
2020年7月29日	「第一次制度改正」制度要綱公表（新規上場基準等の見直し，債務超過に係る上場廃止基準の見直し等）
2020年12月25日	「第二次制度改正」制度要綱公表（新市場区分の上場基準，新市場区分への移行プロセス等）
2021年4月7日	「第三次制度改正」制度要綱公表（コーポレートガバナンス・コードの改訂，上場料金等）
2021年6月11日	コーポレートガバナンス・コードの改訂
2021年6月30日	移行基準日
2021年7月9日	新市場区分の上場維持基準への適合状況の一次判定
2021年9月1日〜12月30日	上場会社による新市場区分の選択申請手続
2022年1月11日（予定）	移行日に上場会社が所属する新市場区分の一覧の公表
2022年4月4日	一斉移行日

出所：東京証券取引所ウェブサイトを基に筆者が作成。

第4節　コーポレート・ガバナンスに関する報告書の提出

　上場会社は，遅くとも2021年12月30日までに改訂後のコードに対応した「コーポレート・ガバナンスに関する報告書」を提出することが求められます。ただし，プライム市場上場会社向けの原則に関する実施状況については，遅くとも2022年4月4日以降に開催される定時株主総会の終了後に提出することが求められます。

　例えば新市場区分としてプライム市場を選択する3月決算会社の場合，2021年6月頃に開催された定時株主総会の終了後における例年の更新では，改訂前のコードに沿った記載とし，改めて2021年12月30日までに改訂後のコード（プライム市場上場会社向けの原則を除く）を踏まえた更新を行うことが想定されます。さらに，改訂後のコードのうち，プライム市場上場会社向けの原則に関する実施状況も含めたものは，2021年内に提出することは妨げないものの，遅くとも2022年6月頃に開催される定時株主総会の終了後には提出することとなります。

　このように，各企業は複数回にわたり「コーポレート・ガバナンスに関する報告書」を提出することが想定されていますが，改訂後のコードの原則について段階的に対応することを予定している企業は，どの原則が改訂後のコードに基づいて開示を行っているかが読者に伝わるよう，対象となる原則の冒頭にその旨を明示することが必要です。

> 【補充原則4-11①　取締役会の多様性に関する考え方等】
> 2021年6月の改訂後のコードに基づき記載しています。

　また，プライム市場を選択する上場会社が2022年4月4日以前にプライム市場上場会社向けの原則を先行して対応する場合においても，対象となる原則の冒頭に，プライム市場向けの内容を含めた改訂後のコードに基づく開示である旨を明示することが求められます。

> 【補充原則3-1③　サステナビリティについての取組み等】
> 2021年6月の改訂後のコード（プライム市場向けの内容を含む）に基づき記載しています。

　「コーポレート・ガバナンスに関する報告書」において，特定の事項を開示すべきとする原則がこれまで11項目ありましたが，今回の改訂に伴い，「コーポレート・ガバナンスに関する報告書」の記載要領も更新されました。その結果，

3項目（補充原則2-4①，補充原則3-1③，補充原則4-10①）が新設，1項目（補充原則4-11①）が加筆され，開示すべき原則の数が14項目となりました。

　これらの項目は，「コーポレート・ガバナンスに関する報告書」の「コードの各原則に基づく開示」の欄に直接記載する方法の他，有価証券報告書，アニュアルレポートまたは自社のウェブサイトなどにおいて該当する内容を開示している場合には，その内容を参照すべき旨と閲覧方法（ウェブサイトのURLなど）を記載することも許容されています。

【図表2-6】コードにおいて特定の事項を開示すべきとする原則

※太字は今回の改訂で追加された開示の内容

原　則	項　　目	内　　容
原則1-4	政策保有株式	・政策保有株式の縮減に関する方針・考え方など，政策保有に関する方針 ・保有の適否の検証の内容 ・政策保有株式に係る議決権の行使に係る適切な対応を確保するための具体的な基準
原則1-7	関連当事者間の取引	・取引の重要性やその性質に応じた適切な手続の枠組み
補充原則2-4①（新設）	中核人材の登用等における多様性の確保	・**女性・外国人・中途採用者それぞれについて，中核人材の登用等の「考え方」，自主的かつ測定可能な「目標」及び「その状況」** ・**多様性の確保に向けた「人材育成方針」及び「社内環境整備方針」並びにその実施状況**
原則2-6	企業年金のアセットオーナーとしての機能発揮	・運用に当たる適切な資質を持った人材の計画的な登用・配置などの人事面や運営面における取組みの内容
原則3-1	情報開示の充実	・会社の目指すところ（経営理念等）や経営戦略，経営計画 ・コーポレートガバナンスに関する基本的な考え方と基本方針 ・取締役会が経営陣幹部・取締役の報酬を決定するに当たっての方針と手続 ・取締役会が経営陣幹部の選解任と取締役・監査役候補の指名を行うに当たっての方針と手続 ・取締役会が経営陣幹部の選解任と取締役・監査役候補の指名を行う際の，個々の選解任・指名についての説明
補充原則3-1③（新設）	サステナビリティについての取組み等	・**経営戦略の開示にあたって，サステナビリティについての取組み** ・**人的資本や知的財産への投資等** ・**【プライム市場のみ】TCFDまたはそれと同等の枠組みに基づく開示**

原　則	項　　目	内　　容
補充原則 4-1①	経営陣に対する委任の範囲	・経営陣に対する委任の範囲の概要
原則4-9	社外取締役の独立性判断基準及び資質	・独立社外取締役となる者の独立性をその実質面において担保することに主眼を置いた独立性判断基準
補充原則 4-10①（新設）	独立した指名委員会・報酬委員会の設置による独立社外取締役の適切な関与・助言	・**【プライム市場のみ】委員会構成の独立性に関する考え方・権限・役割等**
補充原則 4-11①（加筆）	取締役会の多様性に関する考え方等	・取締役会の全体としての知識・経験・能力のバランス，多様性及び規模に関する考え方 ・**経営環境や事業特性等に応じた適切な形で取締役の有するスキル等の組み合わせ**
補充原則 4-11②	取締役・監査役の兼任状況	・取締役・監査役が他の上場会社の役員を兼任する場合の兼任状況
補充原則 4-11③	取締役会の実効性評価	・取締役会全体の実効性について分析・評価を行った結果の概要
補充原則 4-14②	取締役・監査役に対するトレーニングの方針	・取締役・監査役に対するトレーニングの方針
原則5-1	株主との建設的な対話に関する方針	・株主との建設的な対話を促進するための体制整備・取組みに関する方針

出所：東京証券取引所「コーポレート・ガバナンスに関する報告書　記載要領」（2021年 6 月改訂版）を基に筆者が作成。

第**3**章

コーポレートガバナンス・コードの2021年改訂ポイント

第1節 改訂の概要

　2021年のコーポレートガバナンス・コード（以下，「コード」もしくは「コーポレートガバナンス・コード」という）の改訂においては，5つの補充原則が新設されました。その結果，基本原則5項目，原則31項目，補充原則47項目をあわせた各原則の数は83になりました。

【図表3-1】コーポレートガバナンス・コードの構成

		1．株主の権利・平等性の確保	2．株主以外のステークホルダーとの適切な協働	3．適切な情報開示と透明性の確保	4．取締役会等の責務	5．株主との対話	合計
基本原則	ガバナンスの充実により実現すべき普遍的な理念・目標を示した規範	1	1	1	1	1	5
原則	基本原則を実現するために一般的に留意・検討されるべき事項	7	6	2	14	2	31
補充原則	上場会社各社において採用が検討されるべきベスト・プラクティス	11	4 （新設1）	5 （新設1）	23 （新設2）	4 （新設1）	47
合計		19	11	8	38	7	83

出所：コーポレートガバナンス・コード（2021年改訂版，2018年改訂版）を基に筆者が作成。

【図表3-2】コーポレートガバナンス・コード改訂による基本原則，
原則，補充原則の数

	2015	2018改訂	2021改訂
基本原則	5	5	5
原則	30	31	31
補充原則	38	42	47
合計	73	78	83

出所：コーポレートガバナンス・コード（2021年改訂版，2018年改訂版，2015年公表版）を基に筆者が
　　　作成。

　2021年改訂においては，新設された5つの補充原則を含め，後述の【図表3-3】で示す18項目（18項目以外に，内容に影響しない語句の修正もあります）の改訂が行われています。そのうち6項目にはプライム市場上場会社に対して一段高いガバナンスを求める内容が追加されています。

　また，コード改訂と同じタイミングで，投資家と企業の対話ガイドライン（以下，「対話ガイドライン」という）も改訂されました。対話ガイドラインでは【図表3-4】で示す20項目の改訂が行われています。

　コーポレートガバナンス・コードの冒頭において，コーポレートガバナンスとは，会社がステークホルダーの立場を踏まえた上で，透明・公正かつ迅速・果断な意思決定を行うための仕組みを意味するとされています。コードは，各原則の趣旨や精神を念頭に，会社が自律的にガバナンス上の課題の有無を検討し対応することを求め，それを通じて，会社の持続的な成長と中長期的な価値の向上を促す効果を期待するものです。また，コードは，設定された時点の経営環境を踏まえ，コーポレートガバナンスについて実効的な枠組みを示すものでもあり，株主（機関投資家を含む）との建設的な対話（エンゲージメント）の基礎にもなるものです。機関投資家（資産運用機関，アセットオーナー，議決権行使助言会社など）には，スチュワードシップ・コードに沿って，会社とのエンゲージメントを通じ，会社の持続的な成長と中長期的な価値の向上を促す役割が求められています。

　対話ガイドラインは，その冒頭に示されるとおり，コーポレートガバナンス・コードとスチュワードシップ・コード（以下，「両コード」という）が求める会社の持続的な成長と中長期的な価値の向上に向けたエンゲージメントにおいて，重点的に議論することが期待される事項を取りまとめたものです。また，対話ガ

イドラインは，両コードの附属文書として位置付けられ，両コードの実効的なコンプライ・オア・エクスプレインを促すものです。会社がコードの各原則を実施する場合や実施しない理由の説明を行う場合には，対話ガイドラインの趣旨を踏まえることが期待され，実効的な対話を行うことが重要です。

　「コーポレートガバナンス・コードと投資家と企業の対話ガイドラインの改訂について」（以下，「改訂について」という）の「Ⅱ．本コードと対話ガイドラインの改訂に当たっての考え方」にも示されているとおり，コーポレートガバナンス・コードと対話ガイドラインの改訂は，①取締役会の機能発揮，②企業の中核人材における多様性（ダイバーシティ）の確保，③サステナビリティ（ESG要素を含む中長期的な持続可能性）を巡る課題への取組み，④グループガバナンスの在り方，⑤監査に対する信頼性の確保及び内部統制・リスク管理，⑥株主総会関係，⑦事業ポートフォリオの検討，⑧政策保有株式の保有効果の検証と開示，⑨企業年金の適切な運用，⑩株主との面談に関する事項を含んでいます。

【図表3-3】コーポレートガバナンス・コード改訂箇所

1	第1章　株主の権利・平等性の確保	補充原則1-2④	・プライム市場上場会社は，議決権電子行使プラットフォームを利用可能とすべき	Prime	加筆
2	第2章　株主以外のステークホルダーとの適切な協働	基本原則2（考え方）	・サステナビリティ（ESG要素を含む中長期的な持続可能性）課題への積極的・能動的な対応		加筆・修正
3		補充原則2-3①	・サステナビリティを巡る課題への積極的・能動的に取り組むよう検討を深める		加筆・修正
4		補充原則2-4①	・中核人材の登用等における多様性の確保についての考え方と目標，その実施状況を開示 ・多様性の確保に向けた人材育成方針と社内環境整備方針，その実施状況を開示		新設
5	第3章　適切な情報開示と透明性の確保	補充原則3-1②	・プライム市場上場会社は，開示書類のうち必要とされる情報の英語での開示・提供	Prime	加筆
6		補充原則3-1③	・経営戦略の開示に当たって，自社のサステナビリティの取組み，人的資本や知的財産への投資等の開	Prime	新設

			示 • プライム市場上場会社は，気候変動リスクと収益機会の分析を行い，TCFDまたは同等の枠組みによる開示を充実させる		
7	第4章 取締役会等の責務	基本原則4（考え方）	• 支配株主を有する上場会社による，少数株主の利益を保護するガバナンス体制の整備		加筆
8		補充原則4-2②	• 取締役会による，自社のサステナビリティを巡る取組みの基本的な方針の策定 • 企業の持続的な成長に資するよう，経営資源の配分や事業ポートフォリオに関する戦略の実行の実効的な監督		新設
9		補充原則4-3④	• 取締役会によるグループ全体を含めた全社的リスク管理体制の構築と内部監査部門を活用した運用状況の監督		加筆・修正
10		原則4-4	• 監査役（会）の役割・責務に，監査役の選解任等を追記		加筆
11		原則4-8	• プライム市場上場会社は独立社外取締役3分の1（その他の市場においては2名）以上の選任 • 必要と考える場合にはプライム市場上場会社は独立社外取締役を過半数（その他の市場においては3分の1以上）の選任	Prime	加筆・修正
12		補充原則4-8③	• 支配株主を有する上場会社は，少なくとも3分の1以上（プライム市場上場会社においては過半数）の独立社外取締役の選任，または独立性を有する特別委員会を設置	Prime	新設
13		補充原則4-10①	• 独立社外取締役が取締役会の過半数ではない場合，独立社外取締役を主要な構成員とする指名委員会・報酬委員会を設置 • プライム市場上場会社は，指名委員会・報酬委員会の構成員の過半数を独立社外取締役とし，独立性の考え方・権限・役割等を開示	Prime	加筆・修正
14		原則4-11	• 取締役会の多様性の要件として，職歴と年齢を追記		加筆

15		補充原則4-11①	・取締役会が備えるべきスキルの特定 ・スキルマトリックス等の開示 ・独立社外取締役に他社の経営経験者を含める		加筆
16		補充原則4-13③	・内部監査部門が取締役会および監査役会に直接報告を行う仕組みの構築		加筆
17	第5章　株主との対話	補充原則5-1①	・株主との対話の対応者に監査役を追記		加筆
18		補充原則5-2①	・事業ポートフォリオの方針や見直し状況を経営戦略等において示す		新設

注：上の図表中の「Prime」はプライム市場上場会社についての内容が示される原則と補充原則を示しています。
出所：コーポレートガバナンス・コード（2021年改訂版）を基に筆者が作成。

【図表3-4】投資家と企業の対話ガイドラインの改訂箇所

1	1　経営環境の変化に対応した経営判断	1-3	・事業環境変化を経営戦略・経営計画等に適切に反映されているかに言及（例えば，サステナビリティに関する取組みを全社的に検討・推進するための枠組みを整備しているか）	新設
2		1-4	・「新規事業」の前に「より成長性の高い」を追記	加筆
3	2　投資戦略・財務管理の方針	2-1	・「人材投資等」を「人件費も含めた人的資本への投資」に見直し	加筆・修正
4		2-2	・営業CFを十分に確保するなど，持続的な経営戦略・投資戦略の実現が図られているか，について追記	加筆
5	3　CEOの選解任・取締役会の機能発揮等	3-2	・指名委員会について「必要な権限を備え，」を追記	加筆
6		3-5	・報酬委員会について「必要な権限を備え，」を追記	加筆
7		3-6	・取締役会の多様性について「職歴，年齢」を追記	加筆
8		3-7	・取締役会の実効性評価について，各取締役や法定・任意の委員会の評価に言及	加筆
9		3-8	・必要な資質を有する独立社外取締役の選任について，取締役会全体としての適切なスキル等を備える観点からの記載の見直し ・取締役会による監督の実効性確保の観点で，独立社外取締役を取締役会議長に選任することに言及	加筆・修正
10			・セクションの名称について，「監査の信頼性の確保・実効性のあるリスク管理の在り方」を追記	加筆

11		3-10	• 監査役の選任について監査役会の同意等の適切な手続を追記	加筆
12		3-11	• 適正な会計監査の確保について，監査上の主要な検討事項（KAM）検討プロセスにおける外部会計監査人との協議に言及	加筆
13		3-12	• 内部通報制度の運用の実効性確保，内部通報制度に係る体制・運用実績の開示・説明	新設
14	4　ガバナンス上の個別課題	4-1-1	• 株主総会での反対理由や反対票が多くなった原因分析結果，対応の検討結果の説明	新設
15		4-1-2	• 株主総会議案の検討期間の確保のための情報開示（TDnetやウェブサイト等の活用）	新設
16		4-1-3	• 株主との建設的な対話の充実に向けた取組みの検討（有価証券報告書の株主総会前提出など） • 株主総会の在り方の検討（株主総会関連の日程の適切な設定）	新設
17		4-1-4	• バーチャル株主総会を開催する場合の運営の透明性・公正性の確保	新設
18		4-2-1	• 政策保有株式の保有効果の検証が，株主共同の利益の視点を踏まえているか（独立社外取締役が実効的な関与等） • 政策保有株式の検証の方法を含めた具体的な開示	加筆
19		4-3-2	• 自社の企業年金の適切な運用の確保	新設
20		4-4-1	• 株主との面談の対応者としての「筆頭独立社外取締役」の設置などの適切な取組み	新設

出所：投資家と企業の対話ガイドライン（2021年改訂版）を基に筆者が作成。

　次節からは，2021年の「コーポレートガバナンス・コード」と「対話ガイドライン」の改訂箇所について，その内容と実務上の対応のポイントについて解説します。

　第2節　取締役会の機能発揮
　第3節　企業の中核人材における多様性（ダイバーシティ）の確保
　第4節　サステナビリティ（ESG要素を含む中長期的な持続可能性）を巡る課題への取組み
　第5節　その他個別の項目
　　　1　グループガバナンスの在り方
　　　2　監査に対する信頼性の確保及び内部統制・リスク管理
　　　3　株主総会関係
　　　4　事業ポートフォリオの検討

```
    5  政策保有株式の保有効果の検証と開示
    6  企業年金の適切な運用
    7  監査役の株主との面談
```

　解説の内容とコーポレートガバナンス・コードの各原則との関連については巻末付録1の「コーポレートガバナンス・コード（2021年）の全原則」を参照してください。

　次節からの枠囲みの文章は，「コーポレートガバナンス・コード」（2021年改訂版）と「投資家と企業の対話ガイドライン」（2021年改訂版）の抜粋であり，下線部は改訂により加筆された箇所，取消線は改訂により削除された箇所を示しています。なお，項目番号の前に「対話ガイドライン」の記載があるものは対話ガイドラインを，記載のないものはコーポレートガバナンス・コードを示しています。

第2節　取締役会の機能発揮

　取締役会の機能発揮として，原則4-8，補充原則4-10①，補充原則4-11①，対話ガイドライン3-2，3-5，3-6，3-7，3-8が改訂され，対話ガイドライン4-4-1が新設されました。その内容は以下のとおりです。

- プライム市場上場会社において独立社外取締役を3分の1以上選任すべき：原則4-8（改訂）
- 取締役会全体として必要なスキル等の確保とその組み合わせ（スキルマトリックス）の公表：補充原則4-11①（改訂），対話ガイドライン3-8（改訂），対話ガイドライン3-6（改訂），4-4-1（新設）
- 指名委員会・報酬委員会の機能発揮（検討にあたって多様性やスキルの観点を含めること，プライム市場上場会社の独立性に関する考え方や権限・役割等を開示等）：補充原則4-10①（改訂），対話ガイドライン3-2（改訂），3-5（改訂），3-7（改訂）

⑴　プライム市場上場会社は独立社外取締役を3分の1以上選任すべき

〔原則4-8　（改訂）〕

> **【原則4-8．独立社外取締役の有効な活用】**
>
> 　独立社外取締役は会社の持続的な成長と中長期的な企業価値の向上に寄与するように役割・責務を果たすべきであり，プライム市場上場会社はそのような資質を十分に備えた独立社外取締役を少なくとも~~2名~~3分の1（その他の市場の上場会社においては2名）以上選任すべきである。
>
> 　また，上記にかかわらず，業種・規模・事業特性・機関設計・会社をとりまく環境等を総合的に勘案して，少なくとも~~3分の1以上~~過半数の独立社外取締役を選任することが必要と考えるプライム市場上場会社（その他の市場の上場会社においては少なくとも3分の1以上の独立社外取締役を選任することが必要と考える上場会社）は，~~上記にかかわらず，~~十分な人数の独立社外取締役を選任すべきである。

改訂の背景

　気候変動，環境や人権への配慮などのサステナビリティを巡る課題の重要性の高まりや新型コロナウイルス感染症の拡大の影響など，企業の事業環境が大きく変化する中で，企業の持続的成長と中長期的な企業価値の向上を実現するためには，取締役会が企業戦略等の大きな方向性を示し，経営者によるリスクテイクと迅速・果断な経営判断を支え，実効性の高い監督を行うことが今まで以上に重要になっています。取締役会がこの重要な役割・責務を果たすためには，取締役会での自由闊達で建設的な議論・意見交換による企業戦略等の大きな方向性の決定や，経営者から独立した立場による実効性の高い監督を行うことが期待されていると考えられます。

　海外における独立取締役の選任については，第5章でも紹介しますが，取締役会の半数以上を独立取締役と定めている国は，英国やフランスなど多くの国で見られます。またドイツではスーパーバイザリーボード（監督）とマネジメントボード（執行）を設け，監督と執行が分離された2層構造の仕組みです。スペンサースチュアートの2020年の調査[1]によれば，取締役会に占める独立取締役の比率は，英国で70%，フランスで51.5%であり，過半数が独立取締役の会社が多くあることがうかがえます。

　日本企業を見ると，東京証券取引所が公表した東証上場会社コーポレート・ガ

バナンス白書2021における独立社外取締役の取締役会に占める比率のデータでは，上場企業全体のうち，独立社外取締役が過半数の企業は4.9%，3分の1以上・2分の1以下の企業は42.7%です。さらに，JPX日経400を構成する企業では，独立社外取締役が過半数の企業は9.6%，3分の1以上2分の1以下の企業は64.6%となっています。このように，独立社外取締役が過半数の企業は限られるものの，多くの企業で独立社外取締役が3分の1以上を選任しており，3分の1以上の独立社外取締役の選任は，一般的な実務になりつつあると思われます。

実務上の対応

　プライム市場に移行する企業においては，コードに記載のとおり，独立社外取締役が3分の1以上になるように独立社外取締役を追加で選任する，取締役会の構成の見直し・人数を縮減するなどの対応が求められます。ただし，取締役会は，企業の業務執行の決定，取締役の監督，経営者の選解任などを行う会社にとって最も重要な意思決定機関であることから，コードに対応するための数合わせで，独立社外取締役の割合を引き上げることにとらわれるあまり，拙速に独立社外取締役を増員することは望ましいと言えません。

　巻末付録2で紹介する経済産業省が公表した「コーポレート・ガバナンス・システムに関する実務指針」（CGSガイドライン）では，社外取締役活用の視点を以下の9つのステップで整理しています。

【図表3-5】社外取締役活用のステップ

ステップ	検 討 事 項	場 面
1	自社の取締役会の在り方を検討する。	社外取締役の要否等や，求める社外取締役像を検討する場面
2	社外取締役に期待する役割・機能を明確にする	
3	役割・機能に合致する資質・背景を検討する。	
4	求める資質・背景を有する社外取締役候補者を探す。	社外取締役を探し，就任を依頼する場面
5	社外取締役候補者の適格性をチェックする。	
6	社外取締役の就任条件（報酬等）について検討する。	
7	就任した社外取締役が実質的に活動できるようサポートする。	社外取締役が就任し，企業で活躍してもらう場面
8	社外取締役が，期待した役割を果たしているか，評価する。	社外取締役を評価し，選解任を検討する場面

9	評価結果を踏まえて，再任・解任等を検討する。

出所：経済産業省「コーポレート・ガバナンス・システムに関する実務指針（CGS ガイドライン）」（2018年9月28日改訂）。

　社外取締役活用のステップとされていますが，取締役会の構成を考える場合にも利用できます。上記のステップでは，特に，最初のステップ1「自社の取締役会の在り方を検討する」と，ステップ2「社外取締役に期待する役割・機能を明確にする」の2つが重要と考えられます。すなわち，自社の取締役がモニタリングを重視するのか／CEOや経営陣に意思決定の権限を集中させるか，マネジメントの意思決定を重視するのか／取締役会で意思決定を行うのか，などの取締役会の基本的な役割と，この役割を満たすために望ましい取締役会の構成，さらには望ましい取締役会の構成を達成するための社外取締役の選任の検討が必要になります。このような取締役会の在り方にかかわる論点に対しては，取締役会における議論，取締役会の実効性評価による現状の取締役会の在り方の評価，株主やその他のステークホルダーとのコミュニケーションなど，腰を据えた対応が必要です。

⑵　取締役会全体として必要なスキル等の確保とその組み合わせ（スキルマトリックス）の公表

〔補充原則4-11①（改訂），対話ガイドライン3-8（改訂），対話ガイドライン4-4-1（新設）〕

補充原則4-11①
　取締役会は，経営戦略に照らして自らが備えるべきスキル等を特定した上で，取締役会の全体としての知識・経験・能力のバランス，多様性及び規模に関する考え方を定め，各取締役の知識・経験・能力等を一覧化したいわゆるスキル・マトリックスをはじめ，経営環境や事業特性等に応じた適切な形で取締役の有するスキル等の組み合わせを取締役の選任に関する方針・手続と併せて開示すべきである。その際，独立社外取締役には，他社での経営経験を有する者を含めるべきである。

対話ガイドライン3-8.
　独立社外取締役として，適切な資質を有する者取締役会全体として適切なスキル等が備えられるよう，必要な資質を有する独立社外取締役が，十分な人数選任されているか。必要に応じて独立社外取締役を取締役会議長に選任することなども含め，取締役会が経営に

対する監督の実効性を確保しているか。

　また，独立社外取締役は，資本効率などの財務に関する知識や関係法令等の理解など，持続的な成長と中長期的な企業価値の向上に実効的に寄与していくために必要な知見を備えているか。

　独立社外取締役の再任・退任等について，自社が抱える課題やその変化などを踏まえ，適切な対応がなされているか。

対話ガイドライン４−４−１.

　株主との面談の対応者について，株主の希望と面談の主な関心事項に対応できるよう，例えば，「筆頭独立社外取締役」の設置など，適切に取組みを行っているか。

改訂の背景

　中長期的な経営の方向性や事業戦略に照らして，取締役会が全体としてどのようなスキル等を備えるべきかを特定すること，さらには，現在の取締役会がそれらのスキル等を満たした適切な構成になっているかを確認することは，取締役会の実効性を向上させるために有益であると考えられます。

　例えば英国では，英国FRC（財務報告評議会）が公表した取締役会の実効性に関するガイダンス[2]において，取締役会の現在のスキルセットをマッピングしたスキルマトリックスが，戦略の実行や将来の課題への対応に必要なスキルギャップを識別するために効果的であること，さらに，取締役会の実行性評価や後継者計画に有効なツールであることが述べられています。また，東京証券取引所が2019年11月に公表した「コーポレート・ガバナンスに関する開示の好事例集」においても，取締役会のスキルバランス，多様性，規模に関する考え方として，国内の上場企業の定時株主総会の招集通知に掲載されたスキルマトリックスが紹介されています。

　一方で，PwCあらた有限責任監査法人が経済産業省の委託により2019年に実施したアンケート調査【図表３−６】では「取締役の選任を行う際，スキルマトリックスを作成・公表していますか」という問い対して，86%が作成していないという回答であったことから，取締役会の構成についてスキルマトリックスを活用している企業はまだ限られている現状がうかがわれます。

【図表3-6】取締役の選任を行う際のスキルマトリックス作成・公表についての
調査結果

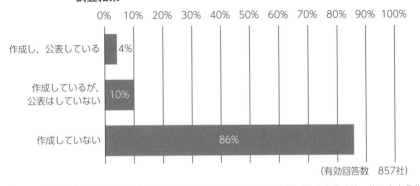

(有効回答数　857社)

出所：PwCあらた有限責任監査法人「令和元年度 産業経済研究委託事業（経済産業政策・第四次産業革
命関係調査事業費）日本企業のコーポレートガバナンスに関する実態調査報告書　別添資料Ⅱ-1
コーポレートガバナンスに関するアンケート調査　上場企業向け　2019年度　問8」(2020年3月)。

　取締役が経営者から独立した立場から実効性の高い監督を行うという考え方に
おいて、取締役会の議長がCEOと分離していることもポイントの1つです。

　第5章で紹介するように、英国のコーポレートガバナンス・コードでは取締役
会議長とCEOの分離が求められており、ドイツではスーパーバイザリーボード
（監督）とマネジメントボード（執行）の2層構造により分離されている他、フ
ランスにおいては取締役会議長とCEOを兼任することが可能ですが、その場合
には、筆頭独立取締役を選任することが求められています。米国においては、例
えばニューヨーク証券取引所（NYSE）の上場マニュアル[3]では、取締役会の議
長とCEOの分離は求められておらず、CEOが取締役会の議長を兼任するケース
も多くありましたが、近年は独立取締役が取締役会の議長を務めるケースも増え
てきています。スペンサースチュアートの2020年の調査[4]によればS&P500の34%
で独立取締役が取締役会の議長を務めています。

　日本企業では、東京証券取引所が公表した東証上場会社コーポレート・ガバナ
ンス白書2021の取締役会の議長の属性についての調査結果では、社外取締役が取
締役会の議長を務める割合は上場企業全体の1.4%であり、JPX日経400構成企業
においても6.1%と非常に少ない割合に留まっています。

　筆頭独立社外取締役については、従来より補充原則4-8②において、「経営陣
との連絡・調整や監査役または監査役会との連携に係る体制整備を図るべき」と

されていました。社外取締役に期待される役割が高まり，取締役会に複数の社外取締役が選任されるにつれて，社外取締役の取りまとめの役割を果たす者を選定し，取締役会議長，経営者，会社（取締役会事務局等），株主などとのコミュニケーションを行うことが有効だと考えられます。

　英国では，コーポレートガバナンス・コードにおいて筆頭独立社外取締役（Senior Independent Director：SID）を任命すべきこと，少なくとも年1回は筆頭独立社外取締役が主導した会合を開催することが定められています。フランスにおいては，上記の取締役会議長で記載したとおり，取締役会議長とCEOの兼任がある場合には，筆頭独立取締役を選任することが求められています。米国のNYSEの上場マニュアル[3]では，非業務執行取締役による定期的な会合（Executive Session）の開催が必要とされており，その会合を主導する取締役（Lead director/Presiding director）が選任されています。

　日本において筆頭独立社外取締役の選任は企業の任意であり，コーポレート・ガバナンスに関する報告書（以下，「CG報告書」という）での開示も求められて

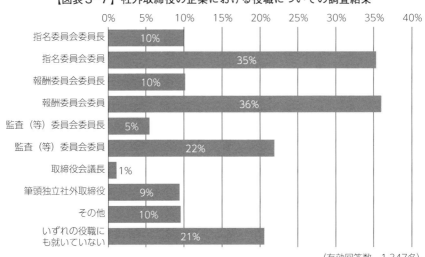

【図表3-7】社外取締役の企業における役職についての調査結果

（有効回答数　1,347名）

出所：PwCあらた有限責任監査法人「令和元年度　産業経済研究委託事業（経済産業政策・第四次産業革命関係調査事業費）日本企業のコーポレートガバナンスに関する実態調査報告書　別添資料II-2　コーポレートガバナンスに関するアンケート調査　社外取締役向け　2019年度　問9」（2020年3月）。

いませんが，在任期間が長い社外取締役が実質的に筆頭独立社外取締役の役割を担うケースや，筆頭独立社外取締役を企業ウェブサイトの役員の一覧で開示しているケースなど，企業の必要に応じて筆頭独立社外取締役を任命・活用する実務が存在しています。PwCあらた有限責任監査法人が経済産業省の委託により2019年に実施した社外取締役向けのアンケート調査【図表3-7】では，社外取締役の9％について筆頭独立社外取締役を務めているという回答が得られました。

　関連するところでは，株主総会で社外取締役の選任議案を提出する場合には，社外取締役候補者である旨とその理由を株主総会参考書類に記載しなければならない，と定められていましたが，2020年11月に公布された「会社法施行規則等の一部を改正する省令（法務省令第52号）」により，それらに加えて，選任された場合に果たすことが期待される役割の概要も記載の対象とされました。株主総会の招集通知にスキルマトリックスを記載している例もいくつか見られますが，スキルマトリックスは，取締役が選任された場合に果たすことが期待される役割の概要を説明する場合にも有効だと考えられます。

実務上の対応

　補充原則4-11①では，「経営環境や事業特性等に応じた適切な形で取締役の有するスキル等の組み合わせを取締役の選任に関する方針・手続と併せて開示すべきである」とされています。取締役会の全体として必要なスキル等（知識・能力・経験等）と各取締役が有するスキル等を一覧化したスキルマトリックスは，唯一絶対の方法ではなく，特定のフォーマットもありませんが，取締役の有するスキル等の組み合わせを示す非常に有益な方法であり，海外企業も含めると優れた開示例も多数あります。

　スキルマトリックスの作成・開示を行う場合には，以下のような考え方で進める方法が考えられます。

---

　i．中長期的な経営の方向性や事業戦略に基づいて，取締役会としてどのようなスキル等を備えるべきかの検討

　ii．備えるべきスキル等のそれぞれについて，それらの判定・評価の基準の設定

　iii．現在の各取締役についてどのスキル等を保持しているかの判断

　iv．取締役会として備えるべきスキル等と現在の取締役が保持しているスキル等に過不足

がないかの把握と過不足がある場合の対応方法の検討
　ⅴ．スキルマトリックスの作成・開示

　また，スキルマトリックスの作成・開示を行う場合に留意すべきことは，主に3つあります。第1に取締役会として備えるべきスキル等と，中長期的な経営の方向性や事業戦略との関連性です。例えば，サステナビリティやESG，デジタルトランスフォーメーション（DX）などが事業戦略の要素として重要な場合には，それらに関するスキル等を備えることを検討すべきです。事業戦略とスキル等との関連性について，株主やその他のステークホルダーが理解できるように説明することも重要となります。

　第2に現在の各取締役が備えるべきスキル等を保持しているかを丁寧に説明することです。スキルマトリックス上で必要なスキル等が埋まっているだけでなく，各取締役が有する知識・能力・経験等との関連でどのようなスキル等を保持しているかを説明することが重要です。

　第3に取締役会として備えるべきスキル等と取締役が保持しているスキル等に過不足がある場合の対応です。現在の取締役が，事業戦略等の決定と実効性の高い監督のいずれかで，取締役会として備えるべきスキル等を理想的な水準では満たしていない可能性もありえます（例えば，CEO経験者などの他社での経営経験を有する社外取締役など）。そのような場合には，新たな取締役の選任，取締役のトレーニング，外部有識者の知見の活用等の対応方法を検討することが必要になるでしょう。

　取締役の指名にスキルマトリックスを活用するという点において，スキルマトリックスやその説明に際し，ダイバーシティ（ジェンダー，国際性，職歴，年齢）の面を含む要素を含めることも必要と考えられます。

　独立社外取締役には，形式的な独立性に留まらず，本来期待される役割を発揮することができる人材が選任されるべきであり，また，独立社外取締役においても，その期待される役割を認識しつつ，役割を発揮していくことが重要です。また，独立社外取締役を含む取締役が対話を通じて機関投資家の視点を把握・認識することは，資本提供者の目線から経営分析や意見を吸収し，持続的な成長に向けた健全な起業家精神を喚起する上で重要であると言われています。一方で，わが国では，依然として独立社外取締役と投資家との建設的な対話の局面が少ないとの指摘もされているところです。株主との面談の対応者について，株主の希望

と面談の主な関心事項に的確に対応できるよう、例えば、筆頭独立社外取締役の設置など、独立社外取締役と投資家との対話のための取り組みを行うことも今後重要と思われます。

　その他、各社ごとのガバナンス体制の実情を踏まえ、必要に応じて独立社外取締役を取締役会議長に選任することなどを通じて、取締役会による経営に対する監督の実効性を確保することも重要な論点です。この点についても、機関投資家との対話等を通じて、今後議論が進むことが期待されます。取締役会の構成に関しては、独立社外取締役を取締役会議長に選任することや、独立社外取締役の中から筆頭独立社外取締役を任命することも議論にあがっています。取締役会議長や筆頭独立社外取締役は、取締役会内部においても、対外的にも重要な役割を担うポジションであるため、その選任や任命については、自社の取締役会の在り方や適切な候補者の調査などを踏まえた、しっかりとした検討プロセスが必要となります。

⑶　指名委員会・報酬委員会の機能発揮

〔補充原則4-10①（改訂）、対話ガイドライン3-2（改訂）、3-5（改訂）、3-7（改訂）〕

> **補充原則4-10①**
> 　上場会社が監査役会設置会社または監査等委員会設置会社であって、独立社外取締役が取締役会の過半数に達していない場合には、経営陣幹部・取締役の指名（後継者計画を含む）・報酬などに係る取締役会の機能の独立性・客観性と説明責任を強化するため、取締役会の下に独立社外取締役を主要な構成員とする任意の指名委員会・報酬委員会など、独立した指名委員会・報酬諮問委員会を設置することにより、指名や・報酬などの特に重要な事項に関する検討に当たり、ジェンダー等の多様性やスキルの観点を含め、これらの委員会の独立社外取締役の適切な関与・助言を得るべきである。
> 　特に、プライム市場上場会社は、各委員会の構成員の過半数を独立社外取締役とすることを基本とし、その委員会構成の独立性に関する考え方・権限・役割等を開示すべきである。

> **対話ガイドライン3-2.**
> 　客観性・適時性・透明性ある手続により、十分な時間と資源をかけて、資質を備えたCEOが選任されているか。こうした手続を実効的なものとするために、独立した指名委員会が必要な権限を備え、活用されているか。

対話ガイドライン3-5.

　経営陣の報酬制度を，持続的な成長と中長期的な企業価値の向上に向けた健全なインセンティブとして機能するよう設計し，適切に具体的な報酬額を決定するための客観性・透明性ある手続が確立されているか。こうした手続を実効的なものとするために，独立した報酬委員会が必要な権限を備え，活用されているか。また，報酬制度や具体的な報酬額の適切性が，分かりやすく説明されているか。

対話ガイドライン3-7.

　取締役会が求められる役割・責務を果たしているかなど，取締役会の実効性評価が適切に行われ，評価を通じて認識された課題を含め，その結果が分かりやすく開示・説明されているか。取締役会の実効性確保の観点から，各取締役や法定・任意の委員会についての評価が適切に行われているか。

改訂の背景

　指名委員会・報酬委員会については，2018年のコードの改訂において，補充原則4-10①が改訂され，独立した諮問委員会としての任意の指名委員会・報酬委員会の設置がコンプライ・オア・エクスプレインの対象となる形で盛り込まれましたが，今回2021年の改訂において，さらなる取り組みを求める内容になりました。「改訂について」のとおり，CEOの選解任は，企業にとって最も重要な戦略的意思決定といえます。また，取締役会が経営者から独立した立場で実効性の高い監督を行う観点でも，経営者の選解任や評価・報酬の決定に適切に関与することが必要であり，指名委員会・報酬委員会の権限・役割等を明確化し，指名・報酬などに係る取締役会の透明性を向上させることが重要であるといえます。

　東証上場会社コーポレート・ガバナンス白書2021が示すところでは，指名委員会・報酬委員会の設置は上場会社全体ではいずれも約4割，JPX日経400構成企業ではいずれも約8割に達しています。また，これらの委員会における社外取締役の比率についても，全体としては過半数を超えている状況です。東京証券取引所が公表しているコーポレートガバナンス・コードへの対応状況の集計結果（2019年7月時点）では，後継者計画の策定・運用に係る補充原則4-1③のコンプライ率が71.4%（東証一部のみ）となっているなど，日本においても，2015年のコード導入以降，指名委員会や報酬委員会の設置が進んできています。

　一方で，PwCあらた有限責任監査法人が経済産業省の委託により2019年に実

施したアンケート調査【図表3-8】では，業務執行経験のある社内取締役（社長・CEO，会長等）が指名委員会や報酬委員会の委員長を務めているという回答が約4割もあり，執行側のトップが監督する側の委員長であるという状況が示されました。また，同アンケート調査の次期社長・CEOの選定に向けたさまざまな取り組みに関する設問では，後継者計画のロードマップの立案を実施しているという回答が23%に留まるなど，実際の取組みはこれからであることが示されています。指名委員会や報酬委員会の設置自体は一般的になってきましたが，その役割，権限，責任に関して課題がある日本の上場会社は多いと考えられます。

　取締役会の実効性の向上に指名委員会・報酬委員会がより一層寄与するためには，取締役会の実効性評価の一環として，指名委員会・報酬委員会の実効性評価を行い，経営者の選解任や評価・報酬が適切に検討されてるかを定期的に検証し，

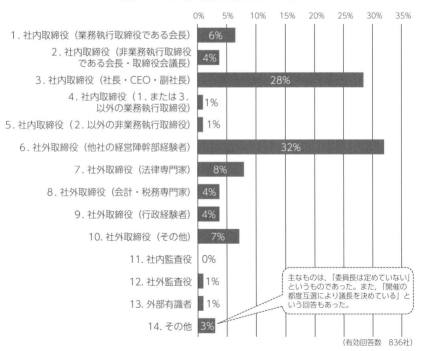

【図表3-8】指名委員会委員長の属性

項目	割合
1. 社内取締役（業務執行取締役である会長）	6%
2. 社内取締役（非業務執行取締役である会長・取締役会議長）	4%
3. 社内取締役（社長・CEO・副社長）	28%
4. 社内取締役（1. または3. 以外の業務執行取締役）	1%
5. 社内取締役（2. 以外の非業務執行取締役）	1%
6. 社外取締役（他社の経営陣幹部経験者）	32%
7. 社外取締役（法律専門家）	8%
8. 社外取締役（会計・税務専門家）	4%
9. 社外取締役（行政経験者）	4%
10. 社外取締役（その他）	7%
11. 社内監査役	0%
12. 社外監査役	1%
13. 外部有識者	1%
14. その他	3%

主なものは，「委員長は定めていない」というものであった。また，「開催の都度互選により議長を決めている」という回答もあった。

（有効回答数　836社）

出所：PwCあらた有限責任監査法人「令和元年度 産業経済研究委託事業（経済産業政策・第四次産業革命関係調査事業費）日本企業のコーポレートガバナンスに関する実態調査報告書　別添資料Ⅱ-1 コーポレートガバナンスに関するアンケート調査　上場企業向け　2019年度　問11」（2020年3月）。

今後に向けた課題を明らかにした上で改善を図るというPDCA活動を継続することが望まれます。PwCあらた有限責任監査法人によるCG報告書の分析[5]によれば，取締役会の実効性評価において指名・報酬の諮問委員会の評価について開示している企業は23％に留まっており，指名委員会・報酬委員会の実効性評価の実務の定着が望まれる状況です。

実務上の対応

　補充原則4-10①の改訂において，プライム市場上場会社は，指名委員会・報酬委員会の構成の独立性に関する考え方・権限・役割等を開示すべきとされました。これらの開示については，プライム市場上場会社に求められるものですが，指名委員会・報酬委員会の独立性，権限，役割等については，各委員会の活動の基礎となるものであり，プライム市場上場会社以外の企業においても，これらの権限・役割の明確化は必要であると考えられます。その内容としては，委員会の目的，権限・役割，構成・選任（独立性の考え方），委員長の決定，招集・開催手続，付議事項，決議の方法，委員以外の出席（アドバイザー等を含む），事務局，議事録，取締役会への報告，などです。

　対話ガイドラインの3-7において，指名委員会・報酬委員会についても，取締役会の実効性評価の一環として評価を実施することが示されました。指名委員会・報酬委員会が，取締役会による監督の実効性に重要な役割を果たしているため，それらについての実効性評価は，取締役会の実効性評価の目的から当然とも考えられます。指名委員会・報酬委員会の実効性評価は，上記で定めた権限・役割等に基づいて実施されることになると考えられます。

第3節　企業の中核人材における多様性（ダイバーシティ）の確保

　企業の中核人材における多様性（ダイバーシティ）の確保について，原則4-11と対話ガイドライン3-6で例示される取締役の多様性の要素として，「職歴」と「年齢」が追加されました。また，補充原則2-4①が新設されました。補充原則2-4①では，中核人材における多様性の確保の考え方，測定可能な目標，人材育成方針や社内環境整備方針とそれらの状況を開示すべきと記載されました。

補充原則2-4①

　上場会社は，女性・外国人・中途採用者の管理職への登用等，中核人材の登用等における多様性の確保についての考え方と自主的かつ測定可能な目標を示すとともに，その状況を開示すべきである。

　また，中長期的な企業価値の向上に向けた人材戦略の重要性に鑑み，多様性の確保に向けた人材育成方針と社内環境整備方針をその実施状況と併せて開示すべきである。

【原則4-11．取締役会・監査役会の実効性確保のための前提条件】

　取締役会は，その役割・責務を実効的に果たすための知識・経験・能力を全体としてバランス良く備え，ジェンダーや国際性，職歴，年齢の面を含む多様性と適正規模を両立させる形で構成されるべきである。また，監査役には，適切な経験・能力及び必要な財務・会計・法務に関する知識を有する者が選任されるべきであり，特に，財務・会計に関する十分な知見を有している者が1名以上選任されるべきである。

　取締役会は，取締役会全体としての実効性に関する分析・評価を行うことなどにより，その機能の向上を図るべきである。

対話ガイドライン3-6．

　取締役会が，持続的な成長と中長期的な企業価値の向上に向けて，適切な知識・経験・能力を全体として備え，ジェンダーや国際性，職歴，年齢の面を含む多様性を十分に確保した形で構成されているか。その際，取締役として女性が選任されているか。

改訂の背景

　企業を取り巻く外部環境は大きく・急速・不連続に変化しています。企業には，激しく変化する外部環境に適応し，変わりゆくニーズを捉え，将来の収益機会につなげる事業戦略の策定やイノベーションが求められています。取締役会や経営陣において，ジェンダー・国際性・職歴・年齢等の多様性を確保することは，イノベーションや変化への対応力を高めることに寄与すると考えられます。また，取締役会や経営陣の多様性確保のためには，その候補者となりえる管理職層における多様性の確保が重要であり，日本企業にとって大きな経営課題の1つであるといえます。

　2020年12月に閣議決定された「第5次男女共同参画基本計画」においては，「指導的地位に占める女性の割合が2020年代の可能な限り早期に30％程度となるよう目指して取組を進める」とされており，さらに30％程度を通過点として，

「2030年代には，誰もが性別を意識することなく活躍でき，指導的地位にある人々の性別に偏りがないような社会となることを目指す」ことが掲げられています。また，民間企業の雇用者の各役職段階に占める女性の割合の目標も示されています。

　一方で，第5次男女共同参画基本計画にも記載されているとおり，2020年の世界経済フォーラムのジェンダーギャップ指数（GGI）の順位は153ヵ国中121位であり，諸外国に比べてジェンダーギャップ解消に向けたスピードが遅いことが指摘されています。

　内閣府男女共同参画局が，日本版スチュワードシップ・コードに賛同する機関投資家等を対象として実施した調査に基づき2021年3月に公表した「ジェンダー投資に関する調査研究報告書」では，ESG投資やジェンダー投資やその投資判断のための女性活躍情報（女性役員比率や女性管理職比率，関連するトップのコミットメントや経営戦略，過去からの改善状況，KPIの設定や継続的な取組み）に対して，機関投資家等から高い関心があることが示されています。

　取締役会の多様性については，日本においても，女性の取締役や監査役への登用が進んでいますが，スペンサースチュアートの2020年の調査[6,7]によれば，日本の女性取締役の比率は調査対象国で最も低く，また，取締役の平均年齢が最も高い結果となっています。

実務上の対応

　補充原則2-4①においては，中核人材の多様性の確保の考え方，測定可能な目標（KPI），人材育成方針，社内環境整備の方針を策定し，それらの実施状況を開示することが求められています。この内容は以下のように分類できると思われます。

ⅰ．多様性の確保がどのように事業戦略に役立つかを検討・整理する
ⅱ．多様性の確保の方針，人材育成の方針，社内環境整備の方針を策定する
ⅲ．多様性の確保に関する目標・KPIを設定し，その測定・管理方法を定める
ⅳ．多様性の確保の実施状況・進捗状況をモニタリングする（取締役会による監督も含む）
ⅴ．上記ⅰ～ⅳに関する開示を検討する

　経済産業省が公表した「ダイバーシティ2.0行動ガイドライン」では，ダイバー

シティ経営を実践するためにとるべきアクションとして，①経営戦略への組み込み，②推進体制の構築，③ガバナンスの改革，④全社的な環境・ルールの整備，⑤管理職の行動・意識改革，⑥従業員の行動・意識改革，⑦労働市場・資本市場への情報開示と対話が提示されていますので，補充原則2-4①を実施する上でも参考になると考えられます。

第4節　サステナビリティ（ESG要素を含む中長期的な持続可能性）を巡る課題への取組み

　サステナビリティを巡る課題への取組みとして，基本原則2の考え方，補充原則2-3①が改訂され，補充原則3-1③，補充原則4-2②が新設されました。また，対話ガイドライン1-3が新設され，2-1，2-2が改訂されました。

　基本原則2の「考え方」の後半の「また，」から始まる段落が今回改訂されましたが，これは前回2018年のコーポレートガバナンス・コードの改訂において追加された内容をさらに強調する形となっています。今回の改訂では，サステナビリティ課題への積極的・能動的な対応を一層進めていくことが重要であることが示されたといえるでしょう。

　補充原則2-3①（改訂）では，サステナビリティを巡る課題の具体例が示されるとともに，その対応がリスク管理の一部に留まらず，収益機会にもつながる重要な経営課題であると認識した上で，中長期的な企業価値向上のために，企業が積極的・能動的に取り組むように検討を深めるべきと改訂されました。

　補充原則4-2②（新設）では，取締役会等の責務として，上記にかかわるサステナビリティを巡る取り組みについて基本的な方針を策定すること，また，経営資源の配分や事業ポートフォリオに関する戦略の実行について実効的な監督を行うことが求められています。

　対話ガイドライン1-3（新設）では，事業環境の変化（ESG，SDGs，デジタルトランスフォーメーション（DX），サイバーセキュリティ，サプライチェーンマネジメント等）を経営戦略・計画等に適切に反映すること，および，サステナビリティに関する取り組みを検討・推進するための枠組み（サステナビリティ委員会の設置など）を整備することが提案されています。

　対話ガイドライン2-2（改訂）では，持続的な経営戦略・投資戦略の実現が

図られるよう，営業キャッシュフローの確保について言及されました。

　補充原則3-1③（新設）では，サステナビリティについての取り組みを適切に開示することが求められています。さらにプライム市場上場会社は，TCFDなどの枠組みに基づいて，気候変動に係るリスクおよび収益機会が事業活動や収益等に与える影響を開示することが求められています。

第2章　株主以外のステークホルダーとの適切な協働

【基本原則2】

　上場会社は，会社の持続的な成長と中長期的な企業価値の創出は，従業員，顧客，取引先，債権者，地域社会をはじめとする様々なステークホルダーによるリソースの提供や貢献の結果であることを十分に認識し，これらのステークホルダーとの適切な協働に努めるべきである。

　取締役会・経営陣は，これらのステークホルダーの権利・立場や健全な事業活動倫理を尊重する企業文化・風土の醸成に向けてリーダーシップを発揮すべきである。

「考え方」

　上場会社には，株主以外にも重要なステークホルダーが数多く存在する。これらのステークホルダーには，従業員をはじめとする社内の関係者や，顧客・取引先・債権者等の社外の関係者，さらには，地域社会のように会社の存続・活動の基盤をなす主体が含まれる。上場会社は，自らの持続的な成長と中長期的な企業価値の創出を達成するためには，これらのステークホルダーとの適切な協働が不可欠であることを十分に認識すべきである。

　また，「持続可能な開発目標」(SDGs)が国連サミットで採択され，気候関連財務情報開示タスクフォース（TCFD）への賛同機関数が増加するなど，中長期的な企業価値の向上に向け，サステナビリティ（ESG要素を含む中長期的な持続可能性）が重要な経営課題であるとの意識が高まっている。こうした中，わが国企業においては，~~サステナビリティ課題への~~近時のグローバルな社会・環境問題等に対する関心の高まりを踏まえれば，いわゆるESG~~（環境，社会，統治）~~問題への積極的・能動的な対応を~~一層進めていくことが重要である~~これらに含めることも考えられる。

　上場会社が，こうした認識を踏まえて適切な対応を行うことは，社会・経済全体に利益を及ぼすとともに，その結果として，会社自身にもさらに利益がもたらされる，という好循環の実現に資するものである。

補充原則2-3①

　取締役会は，気候変動などの地球環境問題への配慮，人権の尊重，従業員の健康・労働環境への配慮や公正・適切な処遇，取引先との公正・適正な取引，自然災害等への危機管理など，サステナビリティ~~（持続可能性）~~を巡る課題への対応は，**重要なリスク管理リ**

スクの減少のみならず収益機会にもつながる重要な経営課題の一部であると認識し，中長期的な企業価値の向上の観点から，適確に対処するとともに，近時，こうした課題に対する要請・関心が大きく高まりつつあることを勘案し，これらの課題に積極的・能動的に取り組むよう検討を深めるすべきである。

補充原則4-2②

取締役会は，中長期的な企業価値の向上の観点から，自社のサステナビリティを巡る取組みについて基本的な方針を策定すべきである。

また，人的資本・知的財産への投資等の重要性に鑑み，これらをはじめとする経営資源の配分や，事業ポートフォリオに関する戦略の実行が，企業の持続的な成長に資するよう，実効的に監督を行うべきである。

対話ガイドライン1-3.

ESGやSDGsに対する社会的要請・関心の高まりやデジタルトランスフォーメーションの進展*，サイバーセキュリティ対応の必要性，サプライチェーン全体での公正・適正な取引や国際的な経済安全保障を巡る環境変化への対応の必要性等の事業を取り巻く環境の変化が，経営戦略・経営計画等において適切に反映されているか。また，例えば，取締役会の下または経営陣の側に，サステナビリティに関する委員会を設置するなど，サステナビリティに関する取組みを全社的に検討・推進するための枠組みを整備しているか。

*カーボンニュートラルの実現へ向けた技術革新やデジタルトランスフォーメーション等を主導するに当たっては，最高技術責任者（CTO）の設置等の経営陣の体制整備が重要との指摘があった。

対話ガイドライン2-1.

保有する資源を有効活用し，中長期的に資本コストに見合うリターンを上げる観点から，持続的な成長と中長期的な企業価値の向上に向けた設備投資・研究開発投資・人件費も含めた人的資本への投資大材投資等が，戦略的・計画的に行われているか。

対話ガイドライン2-2.

経営戦略や投資戦略を踏まえ，資本コストを意識した資本の構成や手元資金の活用を含めた財務管理の方針が適切に策定・運用されているか。また，投資戦略の実行を支える営業キャッシュフローを十分に確保するなど，持続的な経営戦略・投資戦略の実現が図られているか。

> **補充原則3-1③**
>
> 　上場会社は，経営戦略の開示に当たって，自社のサステナビリティについての取組みを適切に開示すべきである。また，人的資本や知的財産への投資等についても，自社の経営戦略・経営課題との整合性を意識しつつ分かりやすく具体的に情報を開示・提供すべきである。
>
> 　特に，プライム市場上場会社は，気候変動に係るリスク及び収益機会が自社の事業活動や収益等に与える影響について，必要なデータの収集と分析を行い，国際的に確立された開示の枠組みであるTCFDまたはそれと同等の枠組みに基づく開示の質と量の充実を進めるべきである。

1 ┃ サステナビリティに関する環境変化（改訂の背景）

　世界のさまざまな地域の経済が相互関連するグローバル経済においては，気候変動，自然災害の発生，感染症の拡大，人権問題や従業員の労働環境などの問題が世界のどこかで起こると，その影響はそれ以外の地域に連鎖的に拡がり，経済や社会的な影響を及ぼすことになります。新型コロナウイルス対応のためのロックダウンのような世界全体に影響を与える大規模なものや，サプライチェーン上流の工場の操業トラブルによって下流の製品が生産調整を余儀なくされるもの，人権問題をきっかけに不買運動が起き売上が減少するものなど，範囲や大きさはさまざまですが，サステナビリティが企業の事業に重要なインパクトをもたらすようになっていることを示しています。

　また，気候変動に関して最近では，米国のバイデン大統領が2021年4月に主要国の首脳40人を招待し，バーチャルによる気候変動サミットが行われ，各国の首脳が意欲的な温室効果ガスの削減目標を掲げました。この削減目標は各国での具体的な政策として実行され，それらの国で活動している企業にも影響をもたらすでしょう。実際に，再生可能エネルギーに取り組む企業と化石燃料に関連する企業において，事業の将来性や企業価値の評価に違いが現れるといった状況も見られます。

　気候変動への取り組みを含むサステナビリティへの対応が企業の事業存続のための重要な課題になりつつあり，これを事業戦略の重要な要素として取り組むことが企業に期待されています。取締役会には，サステナビリティへの対応について議論し，経営陣による取り組みを監督し，ステークホルダーとの対話を進める

ことが期待されています。

　SDGs（Sustainable Development Goals）は2015年9月の国連サミットで採択
された「持続可能な開発のための2030年アジェンダ」に記載された，2016年から
2030年までの国際的な目標です。持続可能で多様性と包摂性のある社会のために
17のゴールと169のターゲットで構成されています。日本政府は，総理大臣以下
の全ての閣僚を含む「持続可能な開発目標（SDGs）推進本部」を2016年5月に
設置し，「SDGs推進本部」の下に民間セクターなどを含む幅広いステークホル
ダーによって構成される「SDGs推進円卓会議」における議論などを通じて，
「SDGs実施指針」（2019年12月改訂）や「SDGsアクションプラン」を策定するな
どの取り組みを進めています。

　気候関連財務情報開示タスクフォース（TCFD）は，中央銀行総裁および財務
大臣により構成される金融安定化理事会（FSB）のもとに2015年12月に設立され
たタスクフォースです。気候関連の財務情報の投資家への提供を企業に促す試み
であり，2017年6月には最終報告書（以下，「TCFD提言」という）において，
気候関連の情報開示の枠組みを提言しました。

　長期的な投資を行う投資家においては，気候関連リスクを考慮して，環境・社
会・ガバナンスを重視するESG投資が拡大していますが，投資家が企業の気候変
動のリスクや機会を評価するための情報として，企業によって開示される気候関
連の情報は十分とは言えない現状があります。このような状況を踏まえ，企業が
運用可能な気候関連の情報開示の共通の枠組みを提供するためにTCFD提言は策
定されました。2021年3月末現在で，世界で約1,900の企業・機関がTCFDに賛
同しています[8]。TCFDに賛同している日本の企業・機関は358あり，日本は
TCFD賛同の企業・機関が世界最多の国です。TCFD提言は，企業に対し，気候
関連のリスクおよび機会に関連付けて，⑴ガバナンス，⑵戦略，⑶リスク管理，
⑷指標と目標という4つの要素の情報開示を推奨しています。

　気候変動を含むサステナビリティ関連の情報開示の枠組みについては，TCFD
提言だけでなく，さまざまな枠組みが存在しています。企業はサステナビリティ
関連の情報開示において，開示の目的，項目や内容，想定する情報の利用者など
に応じて枠組みを選択することができますが，一方で，報告主体である企業に
とって，複数の枠組みに対応するためのコストや分かりにくさがあり，また，情
報の利用者であるステークホルダーも企業を比較することが難しいという課題も
指摘されています。最近ではこのような状況を受けて，統一的なサステナビリ

【図表3-9】TCFDによる提言と推奨される情報開示

ガバナンス	戦　略	リスク管理	指標と目標
気候関連のリスク及び機会に係る組織のガバナンスを開示する。	気候関連のリスク及び機会がもたらす組織のビジネス・戦略・財務計画への実際及び潜在的な影響を,そのような情報が重要な場合は,開示する。	気候関連リスクについて,組織がどのように識別・評価・管理しているかについて開示する。	気候関連のリスク及び機会を評価・管理する際に使用する指標と目標を,そのような情報が重要な場合は,開示する。
推奨される開示内容	**推奨される開示内容**	**推奨される開示内容**	**推奨される開示内容**
a) 気候関連のリスク及び機会についての,取締役会による監視体制を説明する。	a) 組織が識別した,短期・中期・長期の気候関連のリスク及び機会を説明する。	a) 組織が気候関連リスクを識別・評価するプロセスを説明する。	a) 組織が,自らの戦略とリスク管理プロセスに即して,気候関連のリスク及び機会を評価する際に用いる指標を開示する。
b) 気候関連のリスク及び機会を評価・管理する上での経営者の役割を説明する。	b) 気候関連のリスク及び機会が組織のビジネス・戦略・財務計画に及ぼす影響を説明する。	b) 組織が気候関連リスクを管理するプロセスを説明する。	b) Scope1,Scope2及び当てはまる場合はScope 3の温室効果ガス(GHG)排出量と,その関連リスクについて開示する。
－	c) 2℃以下シナリオを含む,さまざまな気候関連シナリオに基づく検討を踏まえて,組織の戦略のレジリエンスについて説明する。	c) 組織が気候関連リスクを識別・評価・管理するプロセスが組織の総合的リスク管理にどのように統合されているかについて説明する。	c) 組織が気候関連リスク及び機会を管理するために用いる目標,および目標に対する実績について説明する。

出所：TCFD「最終報告書 気候関連財務情報開示タスクフォースによる提言」(2017年6月)(日本語訳㈱グリーン・パシフィック)。

ティ関連の情報開示の枠組みの策定の機運が高まっています。

　世界経済フォーラム（World Economic Forum, WEF）は2020年9月に,「ステークホルダー資本主義の進捗の測定：持続可能な価値創造のための共通の指標と一貫した報告を目指して」と題した報告書（ホワイトペーパー）を公表しました。同報告書では,業界や国を超えて企業が主たる年次報告書で報告できる普遍的で重要性があるESG指標と開示・報告事項を示しています。2021年1月にオン

【図表3-10】サステナビリティに関連する主要な情報開示の枠組み

名称	TCFD提言	GRIスタンダード	IIRCフレームワーク	SASBスタンダード	価値競争ガイダンス
設定主体	Task Force on Climate-Related Financial Disclosures（金融安定理事会（FSB）の下に2015年12月に設置された民間主導のタスクフォース）	Global Reporting Initiative（1997年に米国で設立された非営利団体。現在はオランダが本拠地）	International Integrated Reporting Council（国際統合報告評議会）（2010年7月に設立された英国の非営利団体で、GRIも設立に関与）	Sustainability Accounting Standards Board（2011年に設立された米国の非営利団体）	経済産業省（持続的成長に向けた長期投資（ESG・無形資産投資）研究会（2016年8月設置））
報告の目的	金融市場の参加者の意思決定に役立つように、企業の財務に対する、気候変動の影響のリスクと機会を報告する。	投資家に限らないステークホルダーに対して、報告主体の組織が経済・環境・社会に与えるインパクトを報告する。	投資家等に対して、企業が中長期的な価値創造をどのように行うかを説明する。	サステナビリティにかかわる課題が企業の財務に与える影響を、投資家等に報告する。	企業と投資家が情報開示や対話を通じて互いの理解を深め、持続的な価値協創に向けた行動を促す。
報告の内容	・ガバナンス ・戦略 ・リスクと管理 ・指標と目標 戦略に関連してシナリオ分析を推奨。 金融セクター及び非金融セクター（エネルギー、運輸、素材・建築物、農業等）についての補助ガイダンスも公表。	共通スタンダード（100シリーズ）と項目別スタンダード（200，300，400シリーズ）で構成。 報告主体にとってマテリアルな項目のインパクトやそのマネジメントを報告する。	報告書に含まれるべき情報として8つの「内容要素」を示している。 ・組織概要と外部環境 ・ガバナンス ・ビジネスモデル ・リスクと機会 ・戦略と資源配分 ・実績 ・見通し ・作成と表示の基礎	11のセクター・77業種に基準を設定。 それぞれについて、対象となる開示トピックと指標（定量・定性）を設定。	・価値観 ・ビジネスモデル ・持続可能性・成長性 ・戦略 ・成果と重要な成果指標（KPI） ・ガバナンス

出所：各枠組みにかかるウェブサイト等を基に筆者が作成。

ラインで開催されたダボス・アジェンダにおいて、多くの企業のトップがこの指標に基づいた報告を行うことに賛同しています[9]。

　また，CDP[10]，CDSB（Climate Disclosure Standards Board），GRI，IIRCおよびSASBというサステナビリティ開示に関連する主要な5団体は，2020年9月に包括的な企業報告の枠組み策定に向けた共同声明[11]を発表しました。さらに，2020年12月にはサステナビリティに関連する財務報告基準のプロトタイプ[12]を例示するとともに，包括的な企業報告の枠組みの開発の可能性とIFRS財団の役割の延長にその設定主体としての可能性を示しました。この5つの団体のうち，IIRCとSASBは包括的な企業価値報告の枠組みを策定するために両者を経営統合し，2021年6月に新たな財団（Value Reporting Foundation）を設立しました。

　他にも，国際財務報告基準（IFRS）を設定しているIFRS財団は，2020年9月にサステナビリティ情報開示に関するコンサルテーション文書[13]を公表し，IFRS財団がSustainable Standards Board（SSB）を設立してサステナビリティ報告の基準設定の役割を担うべきかの意見募集を実施し，2021年3月には国際的なサステナビリティ報告基準審議会を検討するためのワーキンググループの設置を発表[14]しています。

　海外では，サステナビリティ関連の情報開示制度の検討が進められており，サステナビリティ関連の情報開示は，任意開示に留まらず，義務化される方向となっています。例えばEUでは，欧州委員会の非財務情報開示指令（Non-Financial Reporting Directive（2014/95/EU, NFRD））によって，EU域内の大規模な上場会社は年次報告書において非財務情報の開示が求められています。また，2021年4月には，Corporate Sustainability Reporting Directive案が公表され，開示を行うべき企業の範囲の拡大や開示情報の第三者保証について提案がなされています。英国では，2020年11月に，英国大蔵省から気候関連情報の開示義務化にかかるロードマップ[15]が公表され，これを受けて，2020年12月には金融行為監督機構（FCA）が，2020年12月にポリシーステートメント[16]を公表し，ロンドン証券取引所プレミアム市場の上場企業は，2021年1月1日以後開始する事業年度から，年次報告書においてTCFD提言に沿った開示（コンプライ・オア・エクスプレインの方法であり，開示しない場合には理由を説明する）が必要となっています。ニュージーランド[17]や香港[18]においてもTCFD提言に沿った気候変動開示の義務化の動きがあります。

2 | 企業に期待される役割（実務上の対応）

　それぞれの企業が置かれている事業環境によって影響の大きさや時間軸は異なると思われますが，サステナビリティを巡る課題（気候変動などの地球環境問題への配慮，人権の尊重，従業員の健康・労働環境への配慮や公正・適切な処遇，取引先との公正・適正な取引，自然災害等への危機管理など）への対応は，自社の事業が存続し将来にわたって価値を創造するための重要な経営課題といえます。

　環境や社会は企業が事業を進める上でもともと不可欠なものでしたが，気候変動や自然災害の発生，資源の枯渇の懸念，世の中の意識の高まり，SNSをはじめとするコミュニケーション手段の進化などにより，環境や社会に関する課題が，以前に比べて自社の事業の存続や中長期的な企業価値創造に対する脅威としてより身近に迫ってきています。さらには，これらの課題に対するステークホルダーの関心の高まりによって，これらの課題に企業がどのように対応しているかという情報提供が強く求められるようになっています。

　サステナビリティを巡る課題が自社にとっての重要な経営課題であり，この経営課題にどのように対応し解決していくかについて経営者や取締役会が認識することが，対応の第一歩であると考えられます。経営課題にどのように対応し解決していくかという点において重要なことは，サステナビリティを巡る課題への対応は，経営戦略の1つの要素として追加的に行われるのではなく，全社的な経営戦略として検討することが期待されているということです。

⑴　サステナビリティを巡る課題への取組みのステップ

　サステナビリティを巡る課題への取組みについては，例えばSDG Compass[19]（SDGsの企業行動指針―SDGsを企業はどう活用するか―）も参考になります。SDG Compassは，企業が，SDGsを経営戦略と整合させ，SDGsへの貢献を測定し管理していくための指針を提供するために，2016年3月にGRI，国連グローバルコンパクト（UNGC），持続可能な開発のための世界経済人会議（WBCSD）によって共同で作成されたものです。

　SDG Compassは，5つのステップを提示し，持続可能性の確保に向けて，企業の中核的な事業戦略の方向性の決定や調整にこのステップを適用できるとしています。5つのステップでは以下の内容について説明されています。

1．SDGsを理解する（SDGsとはなにか，企業がSDGsを利用する理論的根拠，企業の基本的責任）

2．優先課題を決定する（バリューチェーンをマッピングし，影響領域を特定する，指標を選択し，データを収集する，優先課題を決定する）

3．目標を設定する（目標範囲を設定し，KPI（主要業績評価指標）を選択する，ベースラインを設定し，目標タイプを選択する，意欲度を設定する，SDGsへのコミットメントを発表する）

4．経営へ統合する（持続可能な目標を企業に定着させる，全ての部門に持続可能性を組み込む，パートナーシップに取り込む）

5．報告とコミュニケーションを行う（効果的な報告とコミュニケーションを行う，SDGs達成度についてコミュニケーションを行う）

⑵　サステナビリティに関する委員会

　サステナビリティに関する取り組みを全社的に検討・推進するための枠組みの整備の一環として，取締役会の下または経営陣の側に，サステナビリティに関する委員会を設置することが，対話ガイドライン1-3において例示されています。

　サステナビリティに関する委員会を設置するか，さらには取締役会の下や経営陣の側など，どのような位置づけで設置するかについては，国内のみならず，海外でも定まった考えはありません。スペンサースチュアートの2020年の調査によれば，英国のFTSE150企業のうち，取締役会の委員会としてESG関連の委員会を設置している企業は29%[20]，フランスのSBF120企業のうち，取締役会の委員会として社会的責任に係るRES関連の委員会を設置している企業は33%[21]に留まっています。

　TCFD提言においては，気候関連のリスクおよび機会に係る組織のガバナンスについても開示が推奨されています。【図表3-11】が示すとおり，気候関連の課題に対する取締役会と経営陣双方の取り組みについての開示が求められており，その中の取締役会による監視体制の説明において，「取締役会及び／または委員会（監査，リスクその他の委員会など）」とあることから，サステナビリティに関する委員会を取締役会の下に設置するという考え方が読み取れます。サステナビリティを巡る課題は，全社的な経営戦略として検討すべき状況になりつつあり，これまで以上に実効的な検討・推進の体制が企業には期待されています。また，そのターゲットが2030年や2050年と長期的なものであることを考えると，サステ

【図表3-11】TCFD提言で「ガバナンス」について開示が推奨される内容

ガバナンス：気候関連のリスク及び機会に係る組織のガバナンスを開示する。	
推奨される開示内容a） 気候関連のリスク及び機会についての，取締役会による監視体制を説明する。	全てのセクターに対するガイダンス 気候関連問題に関する取締役会の監視体制を説明するに際して，組織は以下の事項に関する詳細を含めて検討する必要がある。 • 気候関連問題について，取締役会及び/または委員会（監査，リスクその他の委員会など）が報告を受けるプロセスと頻度。 • 取締役会及び/または委員会が，戦略，主な行動計画，リスク管理政策，年度予算，事業計画をレビューし指導する際，また当該組織のパフォーマンス目標を設定する際，及び実行やパフォーマンスをモニターする際，さらに主な資本支出，買収，資産譲渡を監督する際，気候関連問題を考慮しているか否か。 • 取締役会が，気候関連問題に対する取組のゴールと目標への進捗状況を，どのようにモニターし監督するか。
推奨される開示内容b） 気候関連のリスク及び機会を評価・管理する上での経営者の役割を説明する。	全てのセクターに対するガイダンス 気候関連問題に関する評価・管理における経営者の役割を説明するに際して，組織は以下の事項に関する情報を含めて検討する必要がある。 • 組織が，管理職または委員会に対して気候関連の責任を付与しているか，付与している場合は当該管理職または委員会が取締役会またはその委員会に報告しているか，さらにそれらの責任には気候関連問題の評価や管理が包含されているか。 • 当該組織における（気候）関連の組織的構造の説明。 • 経営者が気候関連問題に関する情報を受けるプロセス。 • 経営者がどのように（特定の担当及び/または経営委員会を通じて）気候関連問題をモニターするか。

出所：TCFD「最終報告書　気候関連財務情報開示タスクフォースによる提言」（2017年6月）（日本語訳（株）グリーン・パシフィック）。

ナビリティを巡る課題への取組みについて，企業として合理的な意思決定を行うためには，基本的な方針の決定に取締役会が一定の関与を行い，取締役会や経営陣の権限や責任の範囲を定め，基本的な方針に基づいて経営陣が業務執行を行い，その状況を取締役会が適切に監督する体制を構築することが，企業に期待されていると考えられます。サステナビリティを巡る課題への実効的な検討・推進体制の整備の一環として，これを専門的に検討する委員会や組織を設置するのは有効な方法です。実際に設置する場合には，企業全体としてのサステナビリティ体制と委員会等の位置づけ，役割，責任・権限を考慮して，取締役会の下や経営陣の側など，どこに設置するかを判断することになります。

⑶　自社における重要な課題の特定

　サステナビリティを巡る課題に対して，企業がその経営戦略や事業活動を通じて対応していくためには，自社のビジネスモデルと関係があり，自社の持続可能性や企業価値にとって重要な課題（マテリアリティともよばれます）を特定することが重要なポイントの1つです。重要な課題の特定する方法としては，外部環境とその長期的・構造的な変化を予測・分析することを通じて，重要な課題の候補をリストアップし，企業のビジネスモデルや価値創造への影響度や環境・社会の持続可能性への影響度などを考慮して決定する方法（マテリアリティ分析ともよばれます）が考えられます。

　特定したサステナビリティを巡る重要な課題を自社の長期の経営戦略に反映させ，未来の予測からバックキャスティングによって，中期経営計画および年度の予算を策定し，関連する目標・KPIを設定し，事業活動を進めます。事業活動を通じて，サステナビリティを巡る課題に取り組むことにより，自社が中長期的に企業価値を創造するだけでなく，環境・社会にも良い影響を与えることにつなが

【図表3-12】IIRCの統合報告フレームワークにおける価値創造プロセス

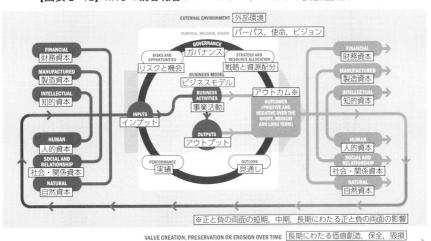

出所：IIRC「International <IR> Framework January 2021　Figure 2. Process through which value is created, preserved or eroded」を基に筆者が仮訳を作成。

ります。

　重要な課題の特定を行う際に考え方を整理する手法として，例えば，【図表3-12】に示す国際統合評議会（IIRC）の統合報告フレームワークにおける価値創造プロセスも参考になります。価値創造プロセスでは，企業のビジネスモデルを中心として，資本をインプットとして利用し，事業活動を通じてアウトプットを産出し，この結果のアウトカムが資本に影響を与えるという，それらの循環の関係として図示されます。この関係を自社の事業にあてはめ，事業活動が環境・社会にどのような影響を与えているかを検討することにより，自社に特有な重要な課題の候補を抽出することができるようになると考えられます。

⑷　サステナビリティに関する開示

　【図表3-10】で触れたように，サステナビリティ関連の情報開示の枠組みにはさまざまなものがありますが，気候変動に関する開示については，TCFD提言が現時点で国際的に確立された開示の枠組みといえます。実際に，上記「1. サステナビリティに関する環境変化（改訂の背景）」において紹介したように，ニュージーランド，英国，香港ではTCFD提言に従った開示義務について検討が進められており，CDP，CDSB，GRI，IIRCおよびSASBの5団体が2020年12月に公表したサステナビリティに関連する財務報告基準のプロトタイプにおいても，TCFD提言と整合する形で検討されています。

　日本におけるTCFD提言に基づく開示の状況については，TCFDコンソーシアムが会員企業を対象に実施した「2020年度TCFDコンソーシアム会員アンケート集計結果」が参考になると思われます。TCFDコンソーシアム会員企業の開示状況では，TCFD提言の全項目について開示している企業は3割，一部の項目について開示している企業を含めた割合は全体の5割程度であり，TCFD提言に基づく開示の実務の浸透はまだまだこれからといった状況です。

　TCFD提言は，ガバナンス・戦略・リスク管理・指標と目標の4つのカテゴリーについて11の項目を開示することを求めています。実際にTCFD提言に基づく開示を進める上で課題として多く指摘されるのは，「戦略」のうち「c）2℃以下シナリオを含む，さまざまな気候関連シナリオに基づく検討を踏まえて，組織の戦略のレジリエンスについて説明する」という「シナリオ分析」を実施することが難しいという点ですが，TCFDでは，シナリオ分析についての資料も作成しており，そこで示されるシナリオ分析のプロセスも実務を行う上で参考になり

【図表3-13】TCFDによる気候変動リスク・機会にかかるシナリオ分析のプロセス

1	**ガバナンス整備**：シナリオ分析を戦略策定や全社的リスクマネジメントプロセスに統合する。取締役会・関連する委員会等による監督について定義する。巻き込むべき内部（および外部）のステークホルダーを特定し、その方法を決定する。

2 気候関連リスクの重要性の評価：	**3** シナリオの範囲を特定し定義：	**4** ビジネスへの影響の評価：	**5** 潜在的な対応策の特定：
市場と技術の変化　評判 政策と法律　物理的リスク 気候関連リスクと機会に対する現在と予想される組織のエクスポージャーは何か？ それらは将来重要になる可能性があるか？ 組織の利害関係者は懸念しているか？	組織に関連するさまざまな移行リスクおよび物理的リスクを含むシナリオ エクスポージャーを考慮に入れるとどのシナリオ・ストーリーが適切か？ 入力パラメーター、仮定、および分析の選択肢を検討する。どの参照シナリオを使用すべきか？	影響： ・インプットのコスト ・オペレーティングコスト ・収益 ・サプライチェーン ・ビジネスの中断 ・時期 定義された各シナリオに基づき組織の戦略および財務ポジションへの潜在的な影響を評価する。重要な感度分析変数を特定する。	対応策には以下が含まれる ・ビジネスモデルの変更 ・事業ポートフォリオの変更 ・能力とテクノロジーへの投資 結果を使用し、特定されたリスクと機会を管理するための適切かつ現実的な対応策を特定する。戦略・財務計画にどのような調整が必要か？

6	**文書化および開示**：プロセスを文書化する。関係者とのコミュニケーションを行う。重要なインプット、仮定、分析方法、アウトプット、および潜在的な対応策についての情報開示を準備する。

出所：TCFD「Technical Supplement：The Use of Scenario Analysis in Disclosure of Climate－related Risks and OpportunitiesのFigure 2, A Process for Applying Scenario Analysis to Climate-Related Risks and Opportunities」（2017年6月）を基に筆者が仮訳を作成。

ます。

　TCFD提言に対応した開示を行う際は、企業にとって重要な気候変動のリスクと機会に焦点を絞り、かつ、具体的に開示することがポイントになります。このためには、気候変動に対応した全社的なマネジメントプロセスが運用されることが重要です。このような分析・アプローチは、サステナビリティについての取り組みの開示全般において有用と考えられます。適切な情報開示への対応と開示情報に基づくステークホルダーとの建設的な対話が促進されることで、サステナビリティ課題への積極的・能動的対応が一層進められることが期待されています。

　TCFD提言に基づく開示の実践に向けては、国内でもさまざまな検討や取り組みが行われており、TCFDコンソーシアムなどから以下のようなガイダンスや開示例などが公表されていますので、これらのガイダンスも参考になると思われます。

環境省
・「TCFDを活用した経営戦略立案のススメ～気候関連リスク・機会を織り込むシナリオ分析実践ガイド ver3.0～」（2021年3月公表）

TCFDコンソーシアム
・「気候関連財務情報開示に関するガイダンス2.0（TCFDガイダンス2.0）」【概要】【本体】【事例集】（2020年7月公表） ・「グリーン投資の促進に向けた気候関連情報活用ガイダンス（グリーン投資ガイダンス）」【概要】【本体】（2019年10月公表） ・「2020年度TCFDコンソーシアム会員アンケート集計結果」（2020年7月公表）
国土交通省
・「不動産分野TCFD対応ガイダンス」（概要）（本文）（参考資料　海外企業のTCFD開示事例）（2021年3月公表）

　また，ESG情報の開示については，東京証券取引所が，2020年3月に「ESG情報開示実践ハンドブック」を公表しており，情報開示を行う際に役立つポイントを紹介しています。

第5節　その他個別の項目

1　グループガバナンスの在り方

　グループガバナンスの在り方に関連して，支配株主を有する上場会社における少数株主の利益を保護するためのガバナンス体制の整備について基本原則4の考え方が改訂され，補充原則4-8③が新設されました。

第4章　取締役会等の責務

【基本原則4】
　上場会社の取締役会は，株主に対する受託者責任・説明責任を踏まえ，会社の持続的成長と中長期的な企業価値の向上を促し，収益力・資本効率等の改善を図るべく，
　(1)　企業戦略等の大きな方向性を示すこと
　(2)　経営陣幹部による適切なリスクテイクを支える環境整備を行うこと
　(3)　独立した客観的な立場から，経営陣（執行役及びいわゆる執行役員を含む）・取締役に対する実効性の高い監督を行うこと
をはじめとする役割・責務を適切に果たすべきである。
　こうした役割・責務は，監査役会設置会社（その役割・責務の一部は監査役及び監査役会が担うこととなる），指名委員会等設置会社，監査等委員会設置会社など，いずれの機関設計を採用する場合にも，等しく適切に果たされるべきである。

「考え方」

　上場会社は，通常，会社法（平成26年改正後）が規定する機関設計のうち主要な３種類（監査役会設置会社，指名委員会等設置会社，監査等委員会設置会社）のいずれかを選択することとされている。前者（監査役会設置会社）は，取締役会と監査役・監査役会に統治機能を担わせるわが国独自の制度である。その制度では，監査役は，取締役・経営陣等の職務執行の監査を行うこととされており，法律に基づく調査権限が付与されている。また，独立性と高度な情報収集能力の双方を確保すべく，監査役（株主総会で選任）の半数以上は社外監査役とし，かつ常勤の監査役を置くこととされている。後者の２つは，取締役会に委員会を設置して一定の役割を担わせることにより監督機能の強化を目指すものであるという点において，諸外国にも類例が見られる制度である。上記の３種類の機関設計のいずれを採用する場合でも，重要なことは，創意工夫を施すことによりそれぞれの機関の機能を実質的かつ十分に発揮させることである。

　また，本コードを策定する大きな目的の１つは，上場会社による透明・公正かつ迅速・果断な意思決定を促すことにあるが，上場会社の意思決定のうちには，外部環境の変化その他の事情により，結果として会社に損害を生じさせることとなるものが無いとは言い切れない。その場合，経営陣・取締役が損害賠償責任を負うか否かの判断に際しては，一般的に，その意思決定の時点における意思決定過程の合理性が重要な考慮要素の一つとなるものと考えられるが，本コードには，ここでいう意思決定過程の合理性を担保することに寄与すると考えられる内容が含まれており，本コードは，上場会社の透明・公正かつ迅速・果断な意思決定を促す効果を持つこととなるものと期待している。

　そして，支配株主は，会社及び株主共同の利益を尊重し，少数株主を不公正に取り扱ってはならないのであって，支配株主を有する上場会社には，少数株主の利益を保護するためのガバナンス体制の整備が求められる。

補充原則4-8③

　支配株主を有する上場会社は，取締役会において支配株主からの独立性を有する独立社外取締役を少なくとも3分の1以上（プライム市場上場会社においては過半数）選任するか，または支配株主と少数株主との利益が相反する重要な取引・行為について審議・検討を行う，独立社外取締役を含む独立性を有する者で構成された特別委員会を設置すべきである。

改訂の背景

　近年，支配株主やそれに準ずる主要株主のいる上場会社（いわゆる上場子会社等）のコーポレートガバナンスを巡る課題について議論が活発になっています。親子上場の形態では，支配株主（親会社）と上場子会社等の少数株主との間で構造的な利益相反関係が生じることに加え，資本効率の観点からもデメリットがあ

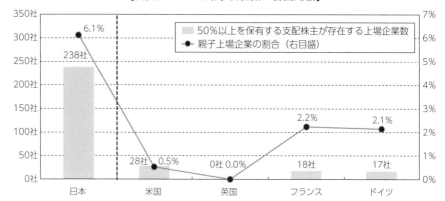

【図表3-14：上場子会社数の各国比較】

（出典）経済産業省第3回公正なM&Aの在り方に関する研究会資料（海外調査中間報告資料（ホワイト&ケース法律事務所））のデータを基に経済産業省において作成。

（注）データは，S&P Capital IQの検索結果をもとに，ホワイト&ケース法律事務所が集計（2018年12月時点）。対象上場会社の発行済株式の50％以上を直接保有している支配株主と対象会社の両者が，同一国のいずれかの取引所（同一市場には限られない）に上場している件数が集計されている。

出所：経済産業省「グループ・ガバナンス・システムに関する実務指針（グループガイドライン）参考資料26」（2019年6月）。

るといわれています。諸外国では過渡的で例外的な形態であるとされている親子上場が，日本の資本市場においては恒常的に一定割合が存在し，海外投資家からは批判的な意見が多く聞かれます。

　上場子会社等は，親会社（支配株主）グループの一部として企業グループのガバナンス体制を整備するのみならず，1つの上場会社として，その持続的成長と中長期的な企業価値の向上を達成できるようなガバナンス体制を整備することが必要です。上場子会社等は，支配株主と一般株主（少数株主）との間の利益相反の可能性がある（親会社による「企業グループ」の価値の最大化と子会社価値の最大化が必ずしも一致しない）ことを踏まえ，支配株主以外の少数株主の利益にも配慮した，支配株主から独立した厳格なガバナンス体制を整備することが必要です。

実務上の対応

　新設された補充原則4-8③において，支配株主を有する上場会社の少数株主の利益を保護するためのガバナンス体制の整備として次のいずれかを実施することとされました。

- 取締役会において支配株主からの独立性を有する独立社外取締役を少なくとも3分の1以上（プライム市場上場会社においては過半数）選任。
- 支配株主と少数株主との利益が相反する重要な取引・行為について審議・検討を行う,独立社外取締役を含む独立性を有する者で構成された特別委員会^(※)の設置。
  - （※）特別委員会の構成員はその全員が支配株主から独立性を有する者であることが必要（ただし,全員が独立社外取締役である必要はない）

　上場子会社のガバナンス向上等に関連して,2020年2月より,有価証券上場規程等の一部改正が行われています。CG報告書に関する改正では,「5.その他コーポレート・ガバナンスに重要な影響を与えうる特別な事項」において一定の開示が求められるようになりました。その内容は,親会社からの独立性確保に関する考え方・施策等や親会社におけるグループ経営に関する方針です。上場子会社は,親会社からの独立性確保にかかわる社内体制構築の方針について積極的・具体的に情報開示することが望まれます。また,独立役員に関する規定も改正され,独立性基準に抵触する対象として,独立役員就任の前10年以内に,親会社の業務執行者（使用人を含む）,業務執行者でない取締役,監査役（社外監査役を独立役員として指定する場合に限る。）,ならびに兄弟会社の業務執行者だった者が含まれるようになりました。また,巻末付録2で紹介している「グループ・ガバナンス・システムに関する実務指針」の中で,上場子会社に関するガバナンスの在り方と,少数株主の保護のための方策,上場子会社経営陣の指名や報酬の在り方を含めて実効性のある体制構築に向けた指針が示されていますので,実務上の参考になると思われます。

　なお,親会社においても,CG報告書において,グループ経営に関する方針,上場子会社を有する意義および上場子会社のガバナンス体制の実効性確保に関する方策などの開示が求められるようになっている点,支配株主に限らず,支配株主に準ずる支配力を持つ主要株主を有する上場会社においても,上場子会社と同じような対応が期待されている点にも留意が必要です。

2 ▎監査に対する信頼性の確保及び内部統制・リスク管理

　監査に対する信頼性の確保及び内部統制・リスク管理に関連して,補充原則4-3④,原則4-4,補充原則4-13③および対話ガイドライン3-10,3-11が改

訂され，対話ガイドライン3-12が新設されました。その内容は以下のとおりです。

- 取締役会によるグループ全体の内部統制・全社的リスク管理体制の構築・監督。内部監査部門による取締役会・監査役会への直接報告の仕組の構築：補充原則4-3④（改訂），補充原則4-13③（改訂）
- 監査役の選解任について，監査役および監査役会による適切な判断：原則4-4（改訂），対話ガイドライン3-10（改訂）
- 適切な会計監査の確保に向けた実効的な対応（監査上の主要な検討事項（KAM）検討プロセスにおける外部会計監査人との協議）：対話ガイドライン3-11（改訂）
- 内部通報制度とその開示：対話ガイドライン3-12（新設）

---

(1) 取締役会によるグループ全体の内部統制・全社的リスク管理体制の構築・監督

〔補充原則4-3④（改訂），補充原則4-13③（改訂）〕

補充原則4-3④

~~コンプライアンスや財務報告に係る~~内部統制や先を見越した<u>全社的</u>リスク管理体制の整備は，適切なコンプライアンスの確保とリスクテイクの裏付けとなり得るもので~~あるが~~，取締役会は，<u>グループ全体を含めた</u>これらの体制を~~の~~適切~~に~~な構築~~し~~，<u>内部監査部門を活用しつつ，</u>その運用状況~~を~~が<u>有効に行われているか否か</u>の監督に重点を置く~~べ~~すべきである。~~り，個別の業務執行に係るコンプライアンスの審査に終始すべきではない。~~

補充原則4-13③

上場会社は，<u>取締役会及び監査役会の機能発揮に向け，内部監査部門がこれらに対しても適切に直接報告を行う仕組みを構築すること等により，</u>内部監査部門と取締役・監査役との連携を確保すべきである。また，上場会社は，例えば，社外取締役・社外監査役の指示を受けて会社の情報を適確に提供できるよう社内との連絡・調整にあたる者の選任など，社外取締役や社外監査役に必要な情報を適確に提供するための工夫を行うべきである。

┃ 改訂の背景 ┃

グループ全体（企業集団）を含む適切な内部統制，全社的なリスク管理体制の整備や監督は，上場会社の取締役会が担うべき役割として必要不可欠なものです。内部統制や全社的なリスク管理体制ついては，コンプライアンスや守りのガバナンスとして捉える考え方もありますが，中長期的な企業価値向上のための業務執

行を確実に行うための枠組み，リスクテイクの裏付けという観点からも重要です。そのため，取締役会としては，経営者による適切なリスクテイクを支える環境整備として，内部統制や全社的なリスク管理体制の構築やその運用状況について監督することが求められています。

内部監査部門を含む内部統制や全社的なリスク管理体制の整備については，取締役が定める基本方針に従って，経営者による業務執行として整備・運用を行うことが一般的な実務であり，内部監査部門についても，経営者（CEO等）の指揮命令系統下にあることが，わが国企業には多く見られます。

内部監査部門の企業における位置づけについては，例えば，IIA（内部監査人協会）が2020年7月に公表した3ラインモデルのポジションペーパーのアップデートでは，3ラインモデルの第3線を担う内部監査機能は，一義的には（取締役会などの）ガバナンス機関に対するものであり，そのために業務執行部門からの独立性が強調されています。

【図表3-15】IIAの3ラインモデル

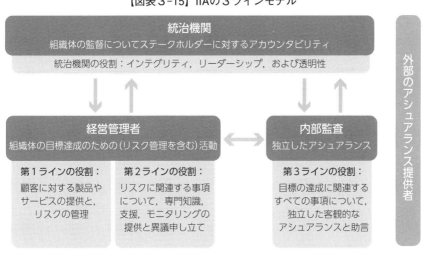

出所：内部監査人協会「IIAの3ラインモデル　3つのディフェンスラインの改訂」（2020年7月）。

PwCあらた有限責任監査法人が経済産業省の委託により日本の上場企業に対して実施した調査では，内部監査部門からは，業務執行ラインに加えて，監査役会等へのレポートラインがあるものの，不祥事への経営陣の関与が疑われる場合

【図表3-16】内部監査部門のレポートライン

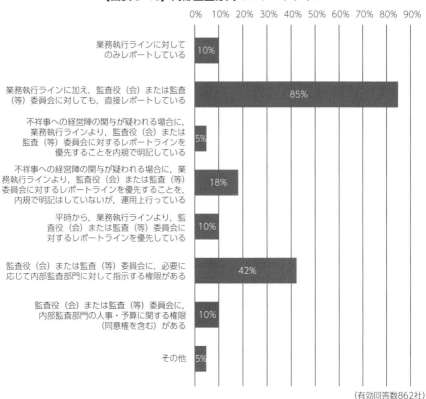

(有効回答数862社)

出所：PwCあらた有限責任監査法人「令和元年度 産業経済研究委託事業（経済産業政策・第四次産業革命関係調査事業費）日本企業のコーポレートガバナンスに関する実態調査報告書 別添資料Ⅱ-1 コーポレートガバナンスに関するアンケート調査 上場企業向け 2019年度 問31」（2020年3月）。

に監査役会等への優先的なレポートや内部監査部門の人事・予算についての監査役会等の権限などについては，少数の企業に留まっており，業務執行が優先されている現状がうかがわれます。守りのガバナンスの観点では，監査役会等の機能発揮のため内部監査部門の活用を図ることが有効であり，そのためには，内部監査部門から監査役会等への直接のレポートラインの構築や連携を深めることが重要です。これは，経営陣幹部による不正事案等を発見・防止するためにも有効な方法といえます。

実務上の対応

　巻末付録2で紹介している「グループ・ガバナンス・システムに関する実務指針」の中で，内部統制システムの在り方についての指針として，内部統制システムの構築・運用に関する基本的な考え方や，監査役等の役割，内部監査部門の役割と独立性確保・機能強化などについて示されていますので，実務上の参考になると思われます。

- **内部統制システムの構築・運用に関する基本的な考え方**

　グループ全体での実効的な内部統制システムの構築・運用は，グループの企業価値の維持・向上の観点からも重要である。その具体的設計に当たっては，各社の経営方針や各子会社の体制等に応じ，監視・監督型や一体運用型の選択や組合せが検討されるべきである。

　また，内部統制システムの高度化に当たっては，IT の活用などにより効率性とのバランスを図ることも重要である。

- **内部統制システムに関する監査役等の役割等**

　監査役等は，内部統制システムの有効性について監査する役割を担っているが，グループ全体の内部統制システムの監査については，親会社の監査役等と子会社の監査役等の連携により，効率的に行うことが検討されるべきである。

　監査役等の機能発揮のため，内部監査部門の活用を図ることが有効である。こうした視点から，内部監査部門から業務執行ラインに加えて監査役等にも直接のレポートライン（報告経路）を確保し，とりわけ経営陣の関与が疑われる場合にはこちらを優先することを定めておくことが検討されるべきである。

　子会社における監査の実効性を高めるため，親会社の監査役等・会計監査人と子会社の監査役等や内部監査部門等との連携が重要である。

- **第3線（内部監査部門）の役割と独立性確保・機能強化**

　第3線（内部監査部門）の実効的な機能発揮のため，第1線（事業部門）と第2線（管理部門）からの独立性が実質的に確保されるべきである。

　子会社業務の内部監査については，各子会社の状況に応じて，①子会社の実施状況を監視・監督するか，②親会社が一元的に実施するかが適切に判断されるべきである。

- **監査役等や第2線・第3線における人材育成の在り方**

　監査役等の人材育成や指名・選任に当たっては，役割認識・意欲や専門的知見について配慮すべきである。

　管理部門や内部監査部門を実効的に機能させるため，経営トップは，これらの部門の重要性を認識し，中長期的な人材育成や，専門資格の取得等を通じた専門性やプロフェッショナル意識の向上を図るべきである。

(2) 監査役および監査役会による監査役の選解任の適切な判断

〔原則4-4（改訂），対話ガイドライン3-10（改訂）〕

【原則4-4. 監査役及び監査役会の役割・責務】

　監査役及び監査役会は，取締役の職務の執行の監査，監査役・外部会計監査人の選解任や監査報酬に係る権限の行使などの役割・責務を果たすに当たって，株主に対する受託者責任を踏まえ，独立した客観的な立場において適切な判断を行うべきである。

　また，監査役及び監査役会に期待される重要な役割・責務には，業務監査・会計監査をはじめとするいわば「守りの機能」があるが，こうした機能を含め，その役割・責務を十分に果たすためには，自らの守備範囲を過度に狭く捉えることは適切でなく，能動的・積極的に権限を行使し，取締役会においてあるいは経営陣に対して適切に意見を述べるべきである。

対話ガイドライン3-10.

　監査役に，適切な経験・能力及び必要な財務・会計・法務に関する知識を有する人材が，監査役会の同意をはじめとする適切な手続を経て選任されているか。

改訂の背景

　監査役の選任については，会社法343条において，取締役会が監査役の選任議案を株主総会に提出するには監査役会の同意が必要とされており，また，監査役会は，監査役の選任を株主総会議案とすることについての請求権があります。しかしながら，日本監査役協会の調査[22]によれば，監査役の候補者に関して，社内監査役も社外監査役についても，監査役会が候補者を提案するケースは1割にも満たず，執行側が候補者を提案するケースが大半となっています。

　監査役会として，取締役会や経営者から独立した立場で監査を実施することは，監査の信頼性を確保するために必要です。そのため，監査役の選任において監査役会が適切に関与し，執行側の意向に過度に影響されないことが重要です。

実務上の対応

　監査役の選任議案については監査役会が関与できることが，会社法の規定上定められています。取締役会や経営者から独立した立場による監査を重視する場合

には，監査役会が監査役選任議案を株主総会に提出するというプロセスを構築することも，コーポレートガバナンス強化の観点で有益だと考えられます。

(3)　適切な会計監査の確保に向けた実効的な対応（監査上の主要な検討事項（KAM）検討プロセスにおける外部会計監査人との協議）

〔対話ガイドライン3-11（改訂）〕

> **対話ガイドライン3-11.**
> 　監査役は，業務監査を適切に行うとともに，監査上の主要な検討事項の検討プロセスにおける外部会計監査人との協議を含め，適正な会計監査の確保に向けた実効的な対応を行っているか。監査役に対する十分な支援体制が整えられ，監査役と内部監査部門との適切な連携が確保されているか。

▎改訂の背景

　監査上の主要な検討事項（Key Audit Matters, KAM）は監査基準委員会報告書では「当年度の財務諸表の監査において，監査人が職業的専門家として特に重要であると判断した事項をいう。監査上の主要な検討事項は，監査人が監査役等とコミュニケーションを行った事項から選択される」と定義されています。このKAMについて，監査基準の改訂により，2021年3月期から連結財務諸表と財務諸表の監査報告書に記載すべきとされました。

▎実務上の対応

　その定義上，KAMの検討プロセスにおいて監査役の役割は重要であり，また，KAMになる可能性のある項目は，会計上の見積り（のれんの減損，税効果等）など，経営者にとって関心の高い事項であり，財務諸表をはじめとする有価証券報告書の開示にも影響する可能性があるため，監査役はKAMの検討プロセスを通じて，監査人だけでなく経営者や取締役会とも協議を行うことが望まれます。また，2019年1月に公布された企業内容等の開示に関する内閣府令等の改正において，監査役監査の状況の開示の拡充が図られ，監査役会等の活動状況（開催頻度，主な検討事項，個々の監査役の出席状況，常勤の監査役の活動等）が開示されています。主な検討事項には，監査人と議論した内容や監査人からの指摘への

【図表3-17】KAMの決定プロセス

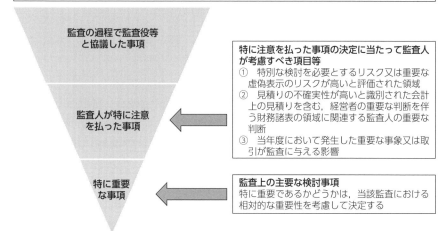

> **監査基準　第四　報告基準　七　監査上の主要な検討事項**
> 監査人は，監査の過程で監査役等と協議した事項の中から特に注意を払った事項を決定した上で，その中からさらに，当年度の財務諸表の監査において，職業的専門家として特に重要であると判断した事項を監査上の主要な検討事項として決定しなければならない。

出所：「監査基準」および「監査基準委員会報告書701」に基づいて筆者が作成。

対応等も含めることが望ましく，KAMの検討プロセスにおける協議も踏まえて開示内容を検討することも有益だと考えられます。

⑷　内部通報制度とその開示

〔対話ガイドライン3-12（新設）〕

> **対話ガイドライン3-12.**
> 　内部通報制度の運用の実効性を確保するため，内部通報に係る体制・運用実績について開示・説明する際には，分かりやすいものとなっているか。

|改訂の背景|

　内部通報制度の整備は，コンプライアンス違反に係る情報収集の窓口になるだけでなく，不正の抑止等にも効果があります。原則2-5および補充原則2-5①

において，取締役は，内部通報に係る適切な体制整備と運用状況の監督，その中身として，経営陣から独立した窓口の設置や情報提供者の秘匿と不利益取扱の禁止に関する規定の整備を行うことが求められています。消費者庁による「平成28年度　民間事業者における内部通報制度の実態調査報告書」では，従業員数3,000人を超える事業者の99％が内部通報制度を導入しているという調査結果が示されています。また，不正発見の経緯については，「内部通報」が不正発見の端緒の第1位であり，「内部監査」や「上司による日常的なチェック」を上回るという調査結果も示されました。

　有効に機能すれば不正発見の効果が期待される内部通報制度ですが，内部通報制度で企業不祥事が発見されず，企業外部の行政機関や報道機関などから不祥事が指摘されるといったケースも報道されています。内部通報制度については，通報しても対応されないのではないか，通報者が不利益を被るのではないか，といった懸念があり，内部通報制度が十分に機能するための妨げになっているという指摘もあります。

実務上の対応

　内部通報に係る体制・運用については，公益通報者保護法（改正[23]により，事業者に内部通報対応体制整備義務が課されることになります）に従い，消費者庁が公表している「公益通報者保護法を踏まえた内部通報制度の整備・運用に関する民間事業者向けガイドライン」を踏まえることや，同ガイドラインに基づく「内部通報制度認証（WCMS）」[24]を活用することが考えられます。同ガイドラインにおいては，内部通報制度の整備・運用，通報者等の保護，評価・改善等についての指針が示されているので参考になると思われます。

- 内部通報制度の整備・運用：内部通報制度の整備（通報窓口の整備，内部規程の整備，経営幹部から独立性を有する通報ルート等），通報の受付（通報受領の通知等），調査・是正措置（担当者の配置・育成等）
- 通報者等の保護：通報に係る秘密保持の徹底（外部窓口の活用，個人情報の保護等），解雇その他不利益な取扱いの禁止，自主的に通報を行った者に対する処分等の減免
- 評価・改善等：フォローアップ（通報者等や是正措置などに係るフォローアップ等），内部通報制度の評価・改善（評価・改善，ステークホルダーへの情報提供等）

3 ┃ 株主総会関係

　株主総会関係として，補充原則1-2④，3-1②が改訂され，対話ガイドラインでは4．ガバナンス上の個別課題⑴株主総会の在り方として，4-1-1，4-1-2，4-1-3，4-1-4が新設されました。

〔プライム市場上場会社について，機関投資家向けに議決権電子行使プラットフォームを利用可能とすべき：補充原則1-2④（改訂）〕

> **補充原則1-2④**
> 　上場会社は，自社の株主における機関投資家や海外投資家の比率等も踏まえ，議決権の電子行使を可能とするための環境作り（議決権電子行使プラットフォームの利用等）や招集通知の英訳を進めるべきである。
> 　特に，プライム市場上場会社は，少なくとも機関投資家向けに議決権電子行使プラットフォームを利用可能とすべきである。

〔プライム市場上場会社について，英語での開示・提供を行うべき：補充原則3-1②（改訂）〕

> **補充原則3-1②**
> 　上場会社は，自社の株主における海外投資家等の比率も踏まえ，合理的な範囲において，英語での情報の開示・提供を進めるべきである。
> 　特に，プライム市場上場会社は，開示書類のうち必要とされる情報について，英語での開示・提供を行うべきである。

対話ガイドラインにおける株主総会の在り方に関する事項

- 株主総会における相当数の反対票についての原因の分析や対応結果の説明：4-1-1（新設）
- 株主が総会議案の十分な検討期間を確保できる情報開示：4-1-2（新設）
- 株主との建設的な対話の充実に向けた取組み（有価証券報告書の株主総会開催前の提出），株主総会の在り方（株主総会関連の日程の設定）の検討：4-1-3（新設）
- バーチャル株主総会を開催する場合の適切な対応：4-1-4（新設）

対話ガイドライン4-1-1.

　株主総会において可決には至ったものの相当数の反対票が投じられた会社提案議案に関して，株主と対話をする際には，反対の理由や反対票が多くなった原因の分析結果，対応の検討結果が，可能な範囲で分かりやすく説明されているか。

対話ガイドライン4-1-2.

　株主総会の招集通知に記載する情報を，内容の確定後速やかにTDnet 及び自社のウェブサイト等で公表するなど，株主が総会議案の十分な検討期間を確保することができるような情報開示に努めているか。

対話ガイドライン4-1-3.

　株主総会が株主との建設的な対話の場であることを意識し，例えば，有価証券報告書を株主総会開催日の前に提出するなど，株主との建設的な対話の充実に向けた取組みの検討を行っているか。

　また，不測の事態が生じても株主へ正確に情報提供しつつ，決算・監査のための時間的余裕を確保できるよう，株主総会関連の日程の適切な設定を含め，株主総会の在り方について検討を行っているか。

対話ガイドライン4-1-4.

　株主の出席・参加機会の確保等の観点からバーチャル方式により株主総会を開催する場合には，株主の利益の確保に配慮し，その運営に当たり透明性・公正性が確保されるよう，適切な対応を行っているか。

改訂の背景

　コード【原則1-2．株主総会における権利行使】にもあるとおり，株主総会は株主との建設的な対話の場であり，上場会社には，株主の権利行使のための適切な環境の整備と，情報提供の充実に取り組むことが求められます。

　議決権電子行使プラットフォームは，これを活用することにより，株主総会の招集通知の発送が不要で即日の入手が可能になり，また，機関投資家による議決権行使にかかる指図の期限を株主総会により近い日にできるようになります。これにより，機関投資家が株主総会議案を検討する期間が今までよりも長くなり[25]，株主総会の議案をより深く検討できるようになることが期待されます。また，企業にとっても，より早期に議決権行使結果を把握可能である，集計ミスのリスク

を軽減できる，コロナ禍等の不測の事態においても株主に招集通知の内容を開示することが可能となる，といったメリットがあります。

しかしながら，株式会社ICJ（株式会社東京証券取引所と米国企業であるBroadridge Financial Solutions, Inc.の合弁会社）により運用されている議決権電子行使プラットフォームの場合，参加企業数は，2021年7月1日現在で1,229社[26]と上場会社の3分の1未満にとどまっています。また，投資顧問業協会が投資運用会員等を対象として2020年10月に実施した調査においても，議決権行使指図に議決権電子行使プラットフォームを活用しているという回答は14.5%[27]であり，機関投資家による利用も限られている現状です。

英語での情報開示・提供に関しては，従来より補充原則1-2④において，海外投資家比率等を踏まえ招集通知の英訳を進めるべきとされています。

東京証券取引所が公表している「株式分布状況調査」によれば，外国法人等による株式保有比率は2019年度で約30%であり，海外投資家比率も無視できない水準にあると思われます。一方で，東京証券取引所による「英文開示実施状況調査集計レポート」（2020年12月末時点）によれば，株主総会招集通知を英文で開示していると回答した東証一部上場企業の割合は約50%まで達しており，英文開示への取り組みが進んでいる状況が見られます。一方で，以下【図表3-18】に見られるように，CG報告書や有価証券報告書についての英文開示についてはさらなる改善が必要な水準と思われます。

【図表3-18】東証一部の英文開示の状況

開　示　媒　体	社数	英文開示実施率	外国人持株比率30%以上の企業の英文開示実施率
決算短信	1,214社	55.5%	76.4%
株主総会招集通知	1,100社	50.3%	78.8%
IR説明会資料	1,006社	46.0%	73.3%
その他適時開示資料	636社	29.1%	60.4%
コーポレート・ガバナンスに関する報告書	365社	16.7%	42.0%
有価証券報告書	187社	8.6%	18.7%

出所：東京証券取引所「英文開示実施状況調査集計レポート（2020年12月末時点）」（2021年3月5日）。

実務上の対応

　議決権電子行使プラットフォームを利用する場合には，電磁的方法によって議決権を行使することができる旨の取締役会の決議（会社法298条1項4号）が必要とされています。また，株式会社ICJが運用している議決権電子行使プラットフォームのケースでは，その利用に際して参加申込や使用手数料の負担が必要となることにも留意が必要です。

　株主による権利行使や株主とのエンゲージメントの基礎として，開示情報は不可欠なものです。英語での開示・提供を行う開示書類の範囲については，株主やステークホルダーからの要請を踏まえ，各企業において適切に判断することが望まれます。決算短信，株主総会招集通知，IR説明会資料，有価証券報告書，CG報告書は，投資家の保護や投資家への情報提供の観点で重要性が高いと考えられるため，英語での開示・提供を行うことが望まれるところです。一方で，開示書類の英語での開示を一度に進めることは，時間的制約もあり，負担が大きいとも考えられますので，投資家の意思決定やエンゲージメントを考慮し，優先順位をもって英語での開示に対応し，いつまでに準備する予定であるかエクスプレインする方法も考えられます。

(a)　株主総会における相当数の反対票についての原因の分析や対応結果の説明：対話ガイドライン4-1-1（新設）

　補充原則1-1①では，株主総会において会社提案議案に相当数の反対票があった場合には，反対の理由や反対票が多くなった原因の分析を行い，株主との対話等の対応の要否を検討すべき旨が記述されています。今回，補充原則1-1①は改訂されませんでしたが，対話ガイドライン4-1-1が新設され，反対の理由，反対票の原因分析結果，対応の検討結果について株主とのエンゲージメントにおいて説明することが期待されることが明示されました。

　なお，フォローアップ会議では，相当数の反対票の閾値にも意見がありましたが，一律の割合は示されませんでした。これまでと同様に，各社の取締役会の判断に委ねられます。例えば英国のコーポレートガバナンス・コードのProvision1-1では相当数の反対票の閾値として20％が示されていますので1つの参考になると思われます。

(b) 株主が総会議案の十分な検討期間を確保できる情報開示：対話ガイドライン4-1-2（新設）

　補充原則1-2②では，招集通知の早期発送やTDnetやウェブサイトによる電子的な公表により，株主が総会議案の十分な検討期間を確保できるように努めるべき旨が記述されています。補充原則1-2②についても今回改訂はなされませんでしたが，TDnetやウェブサイトによる電子的な公表を促す内容の対話ガイドライン4-1-2が新設されました。全国株懇連合会が公表している「2020年度全株懇調査報告書～株主総会等に関する実態調査集計表～」（2020年10月）によれば，ほとんど全ての回答企業が招集通知の発送前開示を実施しています。これによると，回答した上場会社（1,404社）のうち「総会招集の取締役会決定後，招集通知の校了時まで」が41件（2.9%），「招集通知の校了後，納入時まで」が454件（32.3%），「招集通知の納入後，発送前まで」が909件（64.8%）という結果でした。招集通知の内容確定後にただちに電子的な公表を行うことができると実務的に考えられるので，多くの会社でさらなる早期化の余地があると思われます。

　なお，「第4章　第1節2. 株主が適切な判断をするための情報提供」で説明しているとおり，「会社法の一部を改正する法律」（令和元年12月4日付で成立）により，今後は，株主総会資料の電子提供も行われることになります。

(c) 株主との建設的な対話の充実に向けた取組み（有価証券報告書の株主総会開催前の提出），株主総会の在り方（株主総会関連の日程の設定）の検討：対話ガイドライン4-1-3（新設）

(d) バーチャル株主総会を開催する場合の適切な対応：対話ガイドライン4-1-4（新設）

　補充原則1-2①では，株主総会のための必要な情報について適確に株主に提供すべきことが，補充原則1-2③では，株主との建設的な対話の充実や情報提供等の観点で，株主総会開催日等の適切な設定を行うことが記述されています。これらの補充原則について今回改訂はなされませんでしたが，株主との建設的な対話の充実に向けた取り組みの例として，有価証券報告書の株主総会開催日前の提出，株主総会関連の日程の適切な設定を含む株主総会の在り方，株主の出席・参加機会の確保等の観点でバーチャル株主総会を開催する場合の適切な運営方法について，対話ガイドライン4-1-3および4-1-4が新設されました。

　有価証券報告書の株主総会開催前の提出は，現行制度において認められており，

数は非常に限られますが株主総会前（1日前～2週間程度前）に提出している企業もあります。有価証券報告書の提出時期については，作成に要する期間，会計監査の質，株主が情報を検討する時間，などの要素も考慮し，早期化の可能性と実際どれだけ早期化できるかについて具体的に検討を行うことが期待されます。

　株主総会関連の日程の設定に関連しては，決算・監査のための時間的余裕の確保，株主総会議案や関連情報の検討時間の確保，株主の出席・参加機会の確保などを考慮し，株主との建設的な対話を行うのに十分な環境を整備することが求められます。

　会社法上，株主総会の議決権を行使できる株主を確定するために「基準日」を定め，基準日株主が行使することができる権利は，基準日から3ヵ月以内に行使するものに限るとされています（会社法124条）。日本企業の多くは，定款で事業年度末を基準日としており，事業年度末が3月末であること，という2つの条件下で株主総会の準備を行っているため，株主総会が6月下旬に集中しています。現行制度においても事業年度末以外の日を基準日に定めることで，事業年度末から3ヵ月を超えた日に株主総会を開催できるため，株主総会関連の日程については検討の余地はあると思われます。

　2020年の3月決算会社の株主総会では，新型コロナウイルス感染症の影響から，インターネット配信を使ったバーチャル株主総会を行う企業も出てきました。海外では新型コロナウイルス感染症への対応で設定された時限的な制度に基づいて，「バーチャルオンリー型」の株主総会を開催した企業もあります。

　バーチャル株主総会は，海外を含む遠方の株主が株主総会に参加できる，株主が複数の株主総会に参加することが容易になる，株主や取締役等が一堂に会する必要がなく感染症等のリスクの低減を図ることができる，株主重視の姿勢のアピールにつながるなどのメリットがあり，株主総会の活性化・効率化・円滑化が期待されます。

　会社法第298条1項は株主総会を招集する場合に日時と「場所」を定めることを規定しており，物理的な「場所」の制約があるため，「バーチャルオンリー型」の株主総会を開催することは難しいという見解がありました。しかし，2021年6月16日に公布された「産業競争力強化法等の一部を改正する等の法律」のうち，バーチャルオンリー株主総会の開催を可能とする特例が公布日より施行されたことにより，以下の要件を満たした場合にはバーチャルオンリー株主総会（「場所の定めのない株主総会」）を開催することが可能となっています。

i ．上場会社であること（金融商品取引法第2条16項に規定する金融商品取引所に上場している株式会社）

ii ．経済産業省令・法務省令で定める要件（「省庁要件」）について経済産業大臣及び法務大臣の確認を受けたこと

iii ．定款の定めがあること（株主総会を場所の定めのない株主総会とすることが出来る定款の定め）

（なお，「産業競争力強化法等の一部を改正する等の法律」の附則により，施行後2年間は ii.の確認を受けた上場会社は，定款の定めがあるものとみなすことができます。）

iv ．株主総会の招集決定時に，ii.の「省庁要件」に該当していること

　経済産業省では，ウェブサイト「場所の定めのない株主総会（バーチャルオンリー株主総会）に関する制度」に，制度説明資料，関連省令，審査基準，申請書等や問合せ先情報を掲載しており，バーチャルオンリー株主総会の開催を検討・申請する場合に活用できます。

　また，「ハイブリッド型」の株主総会を開催することも，引き続き可能です。経済産業省から公表されている「ハイブリッド型バーチャル株主総会の実施ガイド」（2020年2月26日）などの指針を参考にしながら，株主総会における権利行使に係る環境整備としてバーチャル株主総会の開催に関する検討を進めることが期待されます。

4 ┃ 事業ポートフォリオの検討

　事業ポートフォリオの検討に関しては，補充原則4-2②（「第3章第4節　サステナビリティを巡る課題への取組み」において説明）と補充原則5-2①が新設され，対話ガイドライン1-4が改訂されました。

　補充原則5-2①（新設）では，事業戦略等の策定・公表に当たっては，事業ポートフォリオの基本的な方針やその見直しの状況について分かりやすく示すことが求められています。

　対話ガイドライン1-4において，投資対象として「より成長性の高い」新規事業と強調されるよう改訂されました。

　補充原則4-2②（新設）では，取締役会等の責務として，上記にかかわるサステナビリティを巡る取り組みについて基本的な方針を策定すること，また，経

営資源の配分や事業ポートフォリオに関する戦略の実行について実効的な監督を行うことが求められています。

補充原則5−2①
　上場会社は，経営戦略等の策定・公表に当たっては，取締役会において決定された事業ポートフォリオに関する基本的な方針や事業ポートフォリオの見直しの状況について分かりやすく示すべきである。

対話ガイドライン1−4.
　経営戦略・経営計画等の下，事業を取り巻く経営環境や事業等のリスクを的確に把握し，より成長性の高い新規事業への投資や既存事業からの撤退・売却を含む事業ポートフォリオの組替えなど，果断な経営判断が行われているか。その際，事業ポートフォリオの見直しについて，その方針が明確に定められ，見直しのプロセスが実効的なものとして機能しているか。

補充原則4−2②
　取締役会は，中長期的な企業価値の向上の観点から，自社のサステナビリティを巡る取組みについて基本的な方針を策定すべきである。
　また，人的資本・知的財産への投資等の重要性に鑑み，これらをはじめとする経営資源の配分や，事業ポートフォリオに関する戦略の実行が，企業の持続的な成長に資するよう，実効的に監督を行うべきである。

改訂の背景

　2018年のコード改訂では，「資本コスト」の概念が明記され，原則5−2において，経営戦略や経営計画の策定・公表に当たっては，自社の資本コストを的確に把握した上で，実現にむけた事業ポートフォリオの見直しや設備投資・研究開発投資・人材投資等を含む経営資源の配分等について明確に説明すべきであることが言及されました。今回のコード改訂では，補充原則5−2①が新設され，経営戦略等の策定・公表に当たっては，事業ポートフォリオの基本的な方針やその見直しの状況について分かりやすく示すことが求められています。

　東証上場会社コーポレート・ガバナンス白書2021によれば，「上場企業のうち資本コストの詳細数値を把握している企業は全体の6割であり，その詳細数値の多くは5％〜7％の水準となっている。」一方で，「投資家にとって望ましいROEの水準は76％以上の投資家は8％以上が望ましいと回答。」とあり，上場企

業に対してより一層資本コストを意識した経営が求められていることが分かります。

　コロナ後の経済社会において経営環境が急激に変化する中で，事業ポートフォリオ戦略を含めたビジネスモデルの見直しの必要性が高まっています。持続的な成長の実現のためには，グローバル規模のショックに耐えうる企業体となるための事業ポートフォリオの構造改革が必要と考えられます。事業再編の中でも，特に事業の切り出しについて消極的な傾向が見られる中，2020年7月31日に経済産業省から公表された「事業再編ガイドライン」（巻末付録2で紹介）では，事業の切出しを円滑に実行するための実務上の工夫について，ベストプラクティスが示されています。

　2021年コード改訂のためのフォローアップ会議では，「取締役会における自発的・内在的な議論とともに，機関投資家のスチュワードシップ活動によって，取締役会における事業ポートフォリオ戦略についての議論と決定が促されることが期待されるという意見」[28]もありました。建設的な対話のベースとなる経営戦略や経営計画の策定・公表にあたっては，企業の持続的な成長と中長期的な企業価値の向上を念頭におき，定量的な目標を提示するとともに分かりやすい言葉で説明を行うことが期待されています。

実務上の対応

　2019年1月31日，「企業内容等の開示に関する内閣府令の一部を改正する内閣府令」（以下，「改正開示府令」という）が公布・施行されました。改正開示府令では，以下の項目が追加・拡充されました。

> ・経営方針・経営戦略等を主な事業内容と関連付けて記載すること
> ・事業上及び財務上の課題の内容，対応方針等を経営方針・経営戦略等と関連付けて具体的に記載すること
> ・経営者が認識する主要なリスクをそのリスクの重要性や経営方針・経営戦略等との関連性の程度を考慮して，分かりやすく記載すること

　また，財務情報を補完する記述情報は，投資家による適切な投資判断を可能とし，投資家と企業との建設的な対話を促進し，企業の経営の質を高めることができるため，企業が持続的に企業価値を向上させる観点において重要であると考え

られています。経営方針・経営戦略等，経営成績等の分析，リスク情報などの記述情報に関して，有価証券報告書における開示の考え方を整理した「記述情報の開示に関する原則」が2019年3月19日に金融庁から公表されました。経営戦略等の開示に関連して，以下の点がポイントになると思われます。

---

　i. 経営方針・経営戦略等の開示において，経営者が作成の早期の段階から適切に関与すること，取締役会や経営会議における議論を適切に反映する。

　ii. 事業全体の経営方針・経営戦略等と併せて，各セグメントの経営方針・経営戦略等（具体的な方策の遂行に向けた経営資源がどのように配分・投入されるかを含む）を開示する。経営環境についての経営者の認識の説明にも各セグメントレベルでの内容を説明する。

　iii. KPIについては，目標の達成度合いを測定する指標，算出方法，なぜその指標を利用するのかについて説明する。セグメント別のKPIも開示する。

　iv. 開示の意味内容を容易に，より深く理解できるよう，分かりやすく記載する。

　開示を行う際は，他社の好事例を参考にすることや金融庁が公表している「記述情報の開示の好事例集2020」の活用も有用だと思われます。

5 ┃ 政策保有株式の保有効果の検証と開示

　政策保有株主については，今回（2021年）のコードの改訂はありませんでしたが，対話ガイドライン4-2-1において，保有効果の検証とその開示についての考え方がより具体化されました。

対話ガイドライン4-2-1.

　政策保有株式＊について，それぞれの銘柄の保有目的や，保有銘柄の異動を含む保有状況が，分かりやすく説明されているか。

　個別銘柄の保有の適否について，保有目的が適切か，保有に伴う便益やリスクが資本コストに見合っているか等を具体的に精査し，取締役会において検証を行った上，適切な意思決定が行われているか。特に，保有効果の検証が，例えば，独立社外取締役の実効的な関与等により，株主共同の利益の視点を十分に踏まえたものになっているか。

　そうした検証の内容について検証の手法も含め具体的に分かりやすく開示・説明されているか。

　政策保有株式に係る議決権の行使について，適切な基準が策定され，分かりやすく開示されているか。また，策定した基準に基づいて，適切に議決権行使が行われているか。

　＊企業が直接保有していないが，企業の実質的な政策保有株式となっている株式を含む。

改訂の背景

　政策保有株式については，野村資本市場研究所の調査[29]によれば，政策保有株式比率（政策保有している上場会社株式（時価ベース）の市場全体の時価総額に対する比率）は低下傾向にあるものの，金融機関（銀行，損害保険会社，生命保険会社）に比べて上場事業法人の政策保有株式比率が高い水準に留まっています。なお，政策保有株式に含められる「企業が直接保有していないが企業の実質的な政策保有株式となっている株式」に該当するものとしては，上場会社が退職給付債務にあてるために，持ち合い株式などを信託する退職給付信託（株式の名義人は信託会社ですが，議決権の指図権限は上場会社が保有する）が想定されます。

　政策保有株式には，資本効率の低下による一般株主との利益相反，議決権行使の形骸化・空洞化，株式を保有される上場企業が一般株主を重視する意識を薄れさせるなどの懸念があり，縮減すべきという考え方が基本にあります。また，ISSやグラスルイスなどの議決権行使助言会社は，純資産比で一定以上の政策保有株式を保有する会社の経営トップの取締役選任議案に対して反対を推奨するという議決権行使助言方針を定めており，上場会社が政策保有株式を保有することの合理性に関して，投資家からの目がますます厳しくなると思われます。

　2018年のコード改訂において，原則1-4の政策保有株式に関する方針の開示，取締役会における保有の適否の検証，検証内容の開示，議決権行使の具体的な基準などについて見直しが行われ，また，補充原則1-4①において政策保有株主による売却の意向を妨げないことや，補充原則1-4②において政策保有株主との取引についての考え方が示されました。さらに，改正開示府令（2019年3月31日以後終了事業年度より適用）において，有価証券報告書における政策保有株式に関する開示情報の充実が図られ，政策保有株式の保有の合理性等についての開示が求められるようになりました。しかしながら，現状の政策保有株式の開示については，まだ投資家が期待するところと乖離するものが多いと言われています。

実務上の対応

　企業内容等の開示に関する内閣府令に基づく有価証券報告書における政策保有株式の開示については，金融庁が「政策保有株式：投資家が期待する好開示のポイント（例）」（2019年11月，2021年3月更新）を公表しており，より良い開示の

考え方が示されているので参考になります。政策保有保有の合理性の検証方法，取締役会等における検証の内容，個別銘柄の定量的な保有効果の好開示のポイントは【図表3-19】のとおりです。

【図表3-19】保有効果の好開示のポイント

（政策保有株式全体） 保有の合理性の検証方法	• 時価（含み益）や配当金による検証だけではなく，事業投資と同様，事業の収益獲得への貢献度合いについて具体的に記載 　（例）営業取引規模が過去〇年平均と比較し〇％以上増加 等 　（例）ROEやRORA等が〇％増加 等 　（※）時価（含み益）や配当金による検証だけでは純投資の評価と同じであり，政策保有株式の評価としては別途の検証が求められる点に留意が必要
（政策保有株式全体） 取締役会等における検証の内容	• 保有方針に沿った検証結果の内容を具体的に記載 「保有目的に照らして取締役会において保有の適否を検証」という記載では具体性に欠ける • 取締役会での議論を記載するにあたり，具体的な開催日時や議題等を記載
（個別銘柄） 定量的な保有効果	• 「（政策保有株式全体）保有の合理性の検証方法」で定めた指標に対する実績値とその評価について記載 　（※）時価（含み益）や配当金による検証だけでは純投資の評価と同じであり，政策保有株式の評価としては別途の検証が求められる点に留意が必要 （定量的な保有効果の記載が困難な場合） 　＞どのような点で定量的な測定が困難だったかを具体的に記載 　＞経営戦略上，どのように活用するかを具体的に記載 　（※）仮に営業機密について言及する場合でも，どのような点が営業機密となるか等について記載

出所：「政策保有株式：投資家が期待する好開示のポイント（例）」（2021年3月更新版）を基に筆者が作成。

　取締役会における政策保有株式の検証に際しては，独立社外取締役が，少数株主を含む全ての株主の共同の利益を代弁する立場にある者として，経営者や執行部門から独立・客観的な立場で議論するなど，適切に関与することが期待されています。

6 ┃ 企業年金の適切な運用

　企業年金については，対話ガイドライン4-3-2として以下の内容が新設されました。アセットオーナーである企業年金は，受益者である従業員等の利益を第

一として行動すべきであることから，母体企業である上場会社においても，自社の取引先（融資，株式持合など）との関係維持の目的等により，企業年金の運用委託先の選定に影響が及ばないように配慮すべきとされました。

対話ガイドライン4-3-2.

　自社の企業年金の運用に当たり，企業年金に対して，自社の取引先との関係維持の観点から運用委託先を選定することを求めるなどにより，企業年金の適切な運用を妨げていないか。

改訂の背景

　企業年金はアセットオーナーであり，受益者である従業員等の利益を第一として行動すべきです。一方で，企業年金の人事・運営面は母体企業のサポートを受けることが一般的であり，独立した立場で母体企業との利益相反を管理することは難しいという実態があります。企業年金の運用実務担当者に対する調査によれば，運用委託先の選定に際して，母体企業との取引関係を重視する，もしくは，母体企業との取引関係を勘案するという回答が相当程度あります[30]。

　2018年コード改訂時には，原則2-6（企業年金のアセットオーナーとしての機能発揮）が新設され，同時に対話ガイドライン5-1が設けられました。原則2-6は，上場企業は企業年金について，「運用に当たる適切な資質を持った人材の計画的な登用・配置などの人事面や運用面の取組み」を行い，「取組みの内容を開示」し，また「企業年金の受益者と会社との間に生じ得る利益相反が適切に管理されるようにすべき」と記載されています。2021年のコード改訂では，原則2-6が示す「企業年金の受益者と会社との間に生じ得る利益相反が適切に管理されるようにすべき」の内容について，対話ガイドライン4-3-2（新設）に具体的に示された形となりました。

実務上の対応

　原則2-6は，上場会社に対して企業年金の受益者と会社との間に生じ得る利益相反を適切に管理することを求めるとともに，企業年金のアセットオーナーとしての人事面や運用面の取り組みとその開示も求めています。東証上場会社コーポレート・ガバナンス白書2021の添付資料（項目別集計表）によると，原則2-

6のコンプライ率は，東証一部と東証二部の合計で93.09%であり，コンプライ率は低くありませんが，企業年金における適切な運用のための人材は依然として質的・量的に不足しているという課題が指摘されるところです。

東証上場会社コーポレート・ガバナンス白書2021によると原則2-6に係る現状の企業の開示例としては個別の投資先選定や議決権行使を複数の運用先に委託・一任することで企業年金の受益者と会社との間で利益相反が生じないようにしている例，企業年金基金において専門知識・資質を有した人材を派遣すると同時に，外部アドバイザーを採用し専門性を補完している旨を明記している例，日本版スチュワードシップ・コードの受入れを表明したことを開示している例，PRI（国連責任投資原則）にも署名しグローバルスタンダードを踏まえたESG投資を行っている旨を明記している例（東証上場会社コーポレート・ガバナンス白書2021）などがあり，参考になると思われます。

また，スチュワードシップ・コードの原則2では「機関投資家は，スチュワードシップ責任を果たす上で管理すべき利益相反について，明確な方針を策定し，これを公表すべきである。」と記載されていますので，企業年金がスチュワードシップ・コードに対応し，受入れを表明することも考えられます。なお，企業年金連合会によれば，2021年4月1日時点の基金型の確定給付企業年金は733件[31]ですが，スチュワードシップ・コードの受入れを表明した機関投資家のうち，年金基金等は2021年3月末現在で63基金（63基金には上場企業グループの企業年金基金以外の年金基金も含まれる）[32]に留まっており，より多くの企業年金によるスチュワードシップ・コードの受入れが期待されるところです。ただし，運用担当者のリソースなどの制約で，受入れを行うことが難しい場合も考えられ，その場合には，スチュワードシップ・コードの趣旨を踏まえた対応を検討することが考えられます。また，厚生労働省の「確定給付企業年金に係る資産運用関係者の役割及び責任に関するガイドライン」や企業年金連合会の「受託者責任ハンドブック」なども企業年金がスチュワードシップ責任を果たす上で参考になると考えられます。

7 ▎監査役の株主との面談

補充原則5-1①が改訂され，株主との対話（面談）の対応者について，経営陣幹部・社外取締役を含む取締役に加えて，監査役も面談に臨むことを基本とす

べきとされました。

> **補充原則5-1①**
> 　株主との実際の対話（面談）の対応者については，株主の希望と面談の主な関心事項も踏まえた上で，合理的な範囲で，経営陣幹部または，社外取締役を含む取締役または監査役~~（社外取締役を含む）~~が面談に臨むことを基本とすべきである。

改訂の背景

　監査役を株主との面談の対応者に含めるとしたこの改訂は「監査役も取締役と同じく株主への受託者責任を有することに鑑みれば，企業の持続的な成長と中長期的な企業価値の向上に資するよう，機関投資家の希望と面談の主な関心事項も踏まえた上で，合理的な範囲で，面談に臨むことを基本とすべきである。」（「改訂について」4．その他個別の項目の(4)上記以外の主要課題）との考え方によります。また，スチュワードシップ・コードにおいて「例えばガバナンス体制構築状況（独立役員の活用を含む）や事業ポートフォリオの見直し等の経営上の優先課題について投資先企業との認識の共有を図るために，業務の執行には携わらない役員（独立社外取締役・監査役等）との間で対話を行うことも有益であると考えられる。」（指針4-1．にかかる脚注17）とされていることと，平仄をとったものであると考えられます。

　監査役には，ガバナンス体制構築状況や経営上の優先課題などについて，独立社外取締役とともに経営陣から独立した立場で，株主とコミュニケーションをとることが期待されています。また，監査役会等の活動を通じて会社のリスクを理解していることや外部監査人による監査上の主要な検討事項（KAM）の決定のプロセスにおいて監査役が重要な役割を担うということも，株主との面談に監査役が含まれることになった理由として考えられます。

実務上の対応

　株主から監査役に面談の希望があった場合には，まずは前向きに検討することが第一歩です。原則5-1は，株主とのエンゲージメントのための体制整備・取り組みの方針とその開示を求めており，補充原則5-1②は，その方針として，(i)エンゲージメントが実現するように目配りを行う経営陣または取締役の指定，

(ⅱ)社内の関係部署の有機的な連携，(ⅲ)個別面談以外の対話の手段の充実，(ⅳ)株主の意見・懸念の経営陣幹部や取締役会への適切かつ効果的なフィードバック，(ⅴ)インサイダー情報の管理を定めると記載しています。監査役が株主との面談に応じるケースについても，この方針に含めて定めておくことが必要だと考えられます。また，面談で提供できる情報の範囲や，フェア・ディスクロージャー・ルールへの対応についても，この方針に含めることが望まれます。

第6節　パブリック・コメントの概要

　今回のコードの改訂にあたって，2020年10月以降7回のフォローアップ会議での議論を経て策定された「コーポレートガバナンス・コード」及び「対話ガイドライン」の改訂案について，2021年4月7日から5月7日までの期間で意見募集（パブリック・コメント）が行われました。

　パブリック・コメントでは，コードの改訂案に対して，国内外の100を超える個人及び団体から600を超える意見が寄せられました。これらの意見の太宗は，改訂案の方向性に賛同するものでしたが，「コードの一部についてはコンプライ・オア・エクスプレインではなく義務化することが望ましい」あるいは「プライム市場に求めている項目についてはスタンダード市場等にも要求するべき」などの，コードの改訂案をより強化すべきとする意見もありました。

　個別の改訂箇所についても，例えば，プライム市場上場会社において独立社外取締役を3分の1以上の選任を求める原則4-8について，「グローバルの水準に合わせて，取締役会における独立社外取締役は過半数とするべき」であるとのコメントが，海外だけでなく，国内からも複数寄せられました。このコメントに対する東京証券取引所側の考え方としては「（前略）フォローアップ会議では，プライム市場上場会社に対してより高い水準での独立社外取締役の選任を求めるべきではないかとの意見もあった一方，人数も重要であるが独立社外取締役の質の確保も重要であるといった趣旨の指摘がなされたことを踏まえ，例えば過半数の独立社外取締役を求めることとはしておりません。」とされています。この点，わが国における独立社外取締役の人材プールが，質と量の両面において，諸外国と比べてまだ整っていないという現状認識があり，過半数という水準をコードで示してしまうと，拙速な対応や形ばかりのコンプライを誘発する危惧があるということを考慮したものと考えらえます。このような考え方から，今回のコード改

訂においてプライム市場上場会社に求める水準として「少なくとも3分の1」という水準に留まりましたが，グローバル・スタンダードに照らすと将来的には過半数を求める内容での改訂が行われることも想定されます。

　その他にも，企業の中核人材における多様性の確保の考え方と測定可能な自主目標の設定を求める補充原則2-4①に関連して，「女性の管理職や役員への登用についてクオータ制を導入し，一律の水準の達成を求めるべき」との意見や「有価証券報告書の株主総会前の開示をコードでも求めるべき」などの意見もありました。パブリック・コメントには今後のわが国のコーポレートガバナンスの強化を考えるうえで示唆に富む意見が多く含まれています。

■注 ─────────

1　Spencer Stuart "Board Governance: International Comparison Chart"（2020/10）

2　FRC "GUIDANCE ON BOARD EFFECTIVENESS"（JULY 2018）

3　NYSE "Listed Company Manual Section 303A Corporate Governance Standards"

4　Spencer Stuart "2020 U.S. SPENCER STUART BOARD INDEX"

5　PwCあらた有限責任監査法人のコーポレートガバナンス強化支援チームコラムシリーズ22：最近の開示から読み解く取締役会の実効性評価の現状　https://www.pwc.com/jp/ja/knowledge/column/corporate-governance/vol22.html

6　Spencer Stuart "Boards Around the World" DIVERSITY

7　Spencer Stuart "Boards Around the World" BOARD COMPOSITION

8　TCFD賛同の状況の情報はTCFDのウェブサイトで公表されている。https://www.fsb-tcfd.org/support-tcfd/

9　WEFプレスリリース（2021年1月22日）。https://jp.weforum.org/press/2021/01/jp-global-business-leaders-support-esg-convergence-by-committing-to-stakeholder-capitalism-metrics

10　CDP（旧 Carbon Disclosure Project）は英国に本拠を置く非営利団体。企業の環境関連の情報開示を求めて活動している。

11　"Statement of Intent to Work Together Towards Comprehensive Corporate Reporting"（2020年9月）

12　"Reporting on enterprise value：Illustrated with a prototype climate-related financial disclosure standard"（2020年12月）

13　IFRS Foundation "Consultation Paper on Sustainability Reporting"（2020年9月）

14　IFRS Foundationプレスリリース（2021年3月22日）。
https://www.ifrs.org/news-and-events/news/2021/03/trustees-announce-working-group/

15　HM Treasury "Policy paper: UK joint regulator and government TCFD Taskforce:

Interim Report and Roadmap"（2020年11月）

16　FCA "Policy Statement PS20/17: Proposals to enhance climate-related disclosures by listed issuers and clarification of existing disclosure obligations"（2020年12月）

17　ニュージーランド政府ウェブサイト「プレスリリース」（2020年 9 月15日）。https://www.beehive.govt.nz/release/new-zealand-first-world-require-climate-risk-reporting

18　HKEXプレスリリース（2021年 4 月16日）。https://www.hkex.com.hk/News/Regulatory-Announcements/2021/2104162news?sc_lang=en

19　日本語訳もSDG Compassのウェブサイトからダウンロードできる。https://sdgcompass.org/

20　Spencer Stuart "2020 UK Spencer Stuart Board Index"

21　Spencer Stuart "2020 France Spencer Stuart Board Index"

22　日本監査役協会「監査役の選任及び報酬等の決定プロセスについて－実務実態からうかがえる独立性確保に向けた課題と提言－」（ケース・スタディ委員会）（2019年11月）。

23　PwC弁護士法人による解説記事：公益通報者保護法の改正について。

24　内部通報制度認証（WCMS）の指定登録機関である公益社団法人商事法務研究会によるウェブサイト。https://wcmsmark.secure.force.com/WCMS_index?common.udd.actions.ActionsUtilORIG_URI=%2Fapex%2FWCMS_index

25　フォローアップ会議〈第22回〉において，招集通知の印刷・封入には約10～12営業日かかるという調査結果が示されている（金融庁「資料2 株主総会に関する課題」（令和 2 年12月 8 日））。https://www.fsa.go.jp/singi/follow-up/siryou/20201208.html

26　株式会社ICJウェブサイト「参加発行会社一覧」において現在までの参加発行会社が公開されている。https://www.icj.co.jp/pf_list/

27　一般社団法人　投資顧問業協会「日本版スチュワードシップ・コードへの対応等に関するアンケート（第 7 回）の結果について」（2020年10月実施分）。

28　フォローアップ会議〈第23回〉議事録　神作裕之メンバー。

29　野村資本市場研究所のウェブサイト。http://www.nicmr.com/nicmr/report/repo/2020_stn/2020aut12web.pdf

30　フォローアップ会議〈第24回〉（金融庁「資料2 企業と投資家の対話の充実／企業年金受益者と母体企業の利益相反管理」（令和 3 年 2 月15日））。

31　企業年金連合会ウェブサイト「確定給付企業年金の統計」。https://www.pfa.or.jp/activity/tokei/nenkin/suii/suii02.html

32　金融庁のウェブサイト「スチュワードシップ・コードの受入れを表明した機関投資家のリストの公表について」に最新の状況が公表されている。https://www.fsa.go.jp/singi/stewardship/list/20171225.html

第4章

コーポレートガバナンス・コードの主な論点

　本章ではコーポレートガバナンス・コードの改訂対象とならなかった項目も含め，コーポレートガバナンス・コード全体の留意点を解説します。

第1節　株主の権利・平等性の確保

基本原則1

　　上場会社は，株主の権利が実質的に確保されるよう適切な対応を行うとともに，株主がその権利を適切に行使することができる環境の整備を行うべきである。
　　また，上場会社は，株主の実質的な平等性を確保すべきである。
　　少数株主や外国人株主については，株主の権利の実質的な確保，権利行使に係る環境や実質的な平等性の確保に課題や懸念が生じやすい面があることから，十分に配慮を行うべきである。

　基本原則1では，株主の権利・平等性の確保について述べられています。多様なステークホルダーのなかでも上場会社にとって特に重要な要として株主を取り上げ，その権利が実質的に確保され，また円滑に行使されるための環境を整備すること，また会社法が求める株主平等の原則にも配慮した上で，資金提供者である株主からの信認を得ることが求められます。基本原則1に関連する各原則として以下が設けられています。

- 株主の権利の確保　【原則1-1】
- 株主総会における権利行使　【原則1-2】
- 資本政策の基本的な方針　【原則1-3】
- 政策保有株式　【原則1-4】

- いわゆる買収防衛策 【原則1-5】
- 株主の利益を害する可能性のある資本政策 【原則1-6】
- 関連当事者間の取引 【原則1-7】

　本節では，「株主の権利・平等性の確保」の諸原則に関連する主な論点について，解説を行います。

1 │「相当数の反対票」とその対応方法【原則1-1】【補充原則1-1①】

　株主の権利に配慮しつつ，広く株主からの信認を得るための手段の1つとして，株主総会における「反対票の分析」を行うことが考えられます。補充原則1-1①では，「取締役会は，株主総会において可決には至ったものの相当数の反対票が投じられた会社提案議案があったと認めるときは，反対の理由や反対票が多くなった原因の分析を行い，株主との対話その他の対応の要否について検討を行うべきである。」と記述されています。

　株主総会の普通決議では，賛成票が反対票より1票でも多ければ可決されることになりますが，一定程度の反対票が投じられた場合に，取締役会はその状況を看過するのではなく，反対の理由や原因分析を行うという姿勢が求められます。さらに，株主の議決権の重みを十分に理解し，必要に応じて株主との対話を検討することで，株主からの信認を広く得ることにつながるものと期待されます。

　ところで，相当数の反対票が投じられた場合の「相当数」をどの程度とするかは，各社の取締役会の判断に委ねられるところです。例えば，オムロン株式会社が公表している「オムロン コーポレート・ガバナンス ポリシー」では反対率が30％を超える場合は原因分析等を行う旨が記載されています。また，英国のコーポレートガバナンス・コードでは反対票の分析と開示が求められる閾値として20％が記載されています（The UK Corporate Governance Code July 2018 Provision 1-1）ので，これらの事例を参考とすることも一案です。

　とはいえ，議案の内容や性質によって，反対票が生じる割合は変わりますので，一律に10％や20％という比率をあらかじめ定めることも困難なことも多いと思われます。例えば，買収防衛策の導入に係る議案と通常の役員選任議案では，一般にその賛否割合に差があることは当初から想定されます。

　反対票を分析した結果，株主に対する十分な説明が不足していたことが原因と

考えられる場合には，分析結果に応じて，株主総会，投資家説明会やIR活動などで説明することを検討する必要があるでしょう。一方で，反対票の原因分析の結果，取締役会が特段の対応を行うことは不要と判断した場合は，その旨を取締役会議事録に残すなどの対応が必要と考えられます。

2 ┃ 株主が適切な判断をするための情報提供
【原則1-2】【補充原則1-2①】【補充原則1-2②】

　上場会社は，株主総会において株主が適切な判断を行うことに資すると考えられる情報を的確に提供すべきであること（補充原則1-2①），また，招集通知の早期発送やTDnetやウェブサイトによる電子的な公表により，株主が総会議案の十分な検討期間を確保できるように努めるべきこと（補充原則1-2②）が求められています。

　株主総会の招集通知は，株主がその内容を十分に検討できる時間を確保する観点から，できる限り早期に発送されることが望まれます。一方で，招集通知に記載する情報の正確性が担保されなければならず，不正リスクに対応した実効性のある会計監査が行われるための期間を十分に確保するための配慮も求められます。

（株主総会資料の電子提供制度の創設）

　令和元年12月4日に成立した「会社法の一部を改正する法律」は同月11日付で交付されており，株主総会資料の電子提供制度の創設が行われました。電子提供制度の施行日は，改正法交付の日から3年6ヵ月を超えない日として政令で定める日となります。

　改正前の会社法では，株主総会資料は書面による提供が原則とされており，インターネットなどによる提供については株主の個別承諾が求められていました。令和元年会社法改正により，株主総会資料を会社のWebサイトに掲載した上で，株主に当該Webアドレスを書面通知することによって，個別承諾を得ることなく，株主総会資料を適法に提供したものとする制度（電子提供制度）が創設されています。

　電子提供の開始は「株主総会の3週間前の日または招集通知発送日のいずれか早い日」とされており，招集通知発送日（総会の2週間前）よりも1週間早い時期に提供することが求められますが，電子提供の場合には印刷，封入，発送等の

作業が削減されることになります。また，既に大多数の上場企業が招集通知の早期発送を行っていること（「株主総会の招集通知の早期発送を行っている会社は2,613社（全社中71.1％）であり，そのうち株主総会開催日の3週間前をめどとする会社は523社（同14.2％），4週間前をめどとする会社は41社（同1.1％）であった。」東証上場会社コーポレート・ガバナンス白書2021より）と併せて考えると，総会3週間前の電子提供は現状の実務に比べて大きな負荷をもたらすものではないと思われます。

　改正会社法では，有価証券報告書提出会社が，電子提供措置開始日までに電子提供措置の対象となる事項を記載した有価証券報告書の提出をEDINETにより行う場合は，電子提供措置をとることを要しないとされています。すなわち，事業報告等の記載事項を含む有価証券報告書をEDINETで開示した場合には，別途，株主総会資料の電子提供措置をとらなくてもよいとするものですので，会社法に基づく事業報告（計算書類等を含む）の開示と金融商品取引法に基づく有価証券報告書の開示を一体的に行うこと（一体的開示）を今後可能とするものです。有価証券報告書の総会前開示を促進する狙いもあると考えられます。

3 ┃ 株主総会開催日に関する留意点【原則1-2】【補充原則1-2③】

　議決権行使について株主が熟慮する時間を十分に確保する観点からは，情報提供から株主総会開催日までの期間はできるだけ長いことが望ましいとされています。さらに，不正リスクに対応した実効性のある会計監査を確保する観点からは，決算期末から監査証明までの期間を十分に確保することも必要です。また，株主総会日が集中していることにより，対話の機会を株主から奪うおそれがあることから，集中日を避けるよう株主総会日を設定するという考え方もあります。

　会社法上，権利を行使することができる株主を確定するために「議決権の基準日」を定め，その効力は基準日から3ヵ月以内に行使するものに限られるとされています（会社法第124条）。日本企業の多くは，定款で事業年度末を基準日としているため，決算日から3ヵ月以内に株主総会が開催されています。ただし，事業年度末以外の日を基準日とすることもできるため，例えば，3月決算会社が，7月以降に定時株主総会を開催することも現行法上で可能です。

　一方で，基準日から株主総会までの間に株主の異動があると，株主総会で議決権を行使できる株主が株主総会時点では株主ではないケースが生じるため，基準

日から株主総会開催日までの期間はできるだけ短いことが望ましいとされています。また，株主総会では業績評価を踏まえて意思決定がなされるため，決算期末から株主総会開催日までの期間が極端に長くなることは推奨できないものの，株主が熟慮する時間を十分に確保するという観点からは，株主総会開催日を決算期末から３ヵ月を超えた日に設定することの是非も今後検討されるべきでしょう。

　株主総会開催日については，上述の有価証券報告書の総会前開示や事業報告と有価証券報告書の一体的開示と併せて，株主の権利に配慮した総会開催日についての検討が求められます。補充原則１-２③では，株主との建設的な対話の充実や，そのための正確な情報提供等の観点を考慮し，株主総会開催日をはじめとする株主総会関連の日程の適切な設定を求めています。

　集中日を避けるなどの株主総会開催日の日程についての考慮の他にも，2020年３月期以降の株主総会では，新型コロナウイルス感染症の影響から，物理的な場所で株主総会を開催する一方で，遠隔地の株主もインターネット等を用いて株主総会に参加するハイブリッド型バーチャル株主総会を行う企業も出てきました。今後もより広い範囲の株主の参加を促し，株主総会の活性化や建設的な対話につなげていくための取り組みが企業に求められています。

4　議決権電子行使プラットフォームの利用や株主総会招集通知の英訳について【原則1-2】【補充原則1-2④】

　株主総会における権利行使のための適切な環境整備に関連して，議決権電子行使プラットフォームの利用や招集通知の英訳を進めるべきであるとされています（補充原則１-２④）。議決権電子行使プラットフォームの利用については，今回のコーポレートガバナンス・コード（以下，「コード」という）の改訂により，特にプライム市場上場会社は同プラットフォームを利用可能とすべきである旨が明記されました（第３章第５節３．株主総会関係を参照）。

　招集通知の英訳を行う上場会社は，近年増加傾向にあり，東証上場会社コーポレート・ガバナンス白書2021によると，全上場会社の41.9％が招集通知の英訳（要約も含む）を行っている状況です。外国株主向けに，招集通知の英訳が奨励されているところですが，その必要性は企業が置かれている状況により異なります。海外で上場している会社や外国人株主の比率が高い会社は，株主が招集通知の内容を理解できるよう，招集通知の英訳を準備することが望ましいと考えられ

ますが，海外展開を行っていない会社や外国人株主の比率が低い会社の場合には，招集通知を英訳する必要性は必ずしも高くはないかもしれません。

　招集通知の英訳を準備することが望ましい会社であって，時間的制約によりすぐに対応することが困難な場合は，いつまでに準備する予定であるかをエクスプレインすることが必要となると考えられます。また，必ずしも招集通知の英訳を行う必要がない会社は，なぜ必要がないかを合理的にエクスプレインすることが求められると考えられます。また，現在は招集通知の英訳を行う必要がない上場会社であっても，今後，外国人株主が増加することが想定される場合には，招集通知の英訳を検討する必要があると思われます。

5　名義株主でない機関投資家等の議決権行使の希望等への対応
【原則1-2】【補充原則1-2⑤】

　補充原則1-2⑤では，信託銀行等の名義で株式を保有する機関投資家等が，株主総会において，自ら議決権行使等を行う場合の対応を検討すべきとされています。企業は名義株主ではない機関投資家等が株主総会で議決権を行使することを必ずしも認める必要はありませんが，機関投資家等から株主総会における議決権の代理行使の要求があった場合に備え，適切な対応方針を定めておくことが望まれます。名義株主以外の機関投資家を株主総会に参加させることを限定的に考える企業も多いですが，株主との対話を促進する観点からは，実質的な株主の総会参加を合理的な範囲で認める方向で検討することが期待されているものと考えられます。

　具体的な対応策については，各企業が機関投資家等と協議して決定する必要がありますが，適切な委任状を入手することは可能か，会社に合理的な対応が可能となる程度の余裕を持たせるためにいつまでに希望を受け付けるか，などについて検討することが考えられます。また，出席を認める場合においても，別室ないし会場での傍聴のみを認める，あるいは質問や議決権行使を含めて認める，など対応方法がいくつか想定されますので，この点についても方針を決めておく必要があります。

6 ┃ 資本政策の基本的な方針についての説明方法【原則1-3】

　原則1-3では，資本政策の基本的な方針について説明を行うべきであるとされています。「資本政策」と一口に言ってもさまざまな意味に解釈されますが，その解釈自体各社の判断に委ねられているといえます。一般的には，配当政策や自己資本比率に係る方針等が考えられますが，より具体的には，自己株式の取得や売却に係る基本方針あるいはデット・エクイティ・レシオなども資本政策の1つとなり得ます。いずれにせよ，各社それぞれが，その企業価値の最大化に向けて，資本政策についてどのような考え方（基本方針）を持っているのかが明らかになるような説明が求められているものと考えられます。

　説明の場としては，株主総会，IR説明会などで説明する他，有価証券報告書やアニュアルレポート等の開示書類の中で説明する方法が考えられます。仮に，資本政策の基本的な方針に変更がある場合には，適時性も考慮する必要があると考えられます。

7 ┃ 政策保有株式に関する方針の説明方法
【原則1-4】【補充原則1-4①】【補充原則1-4②】

　政策保有目的は，いわゆる持ち合い株式と呼ばれますが，資本効率の低下による一般株主との利益相反や議決権行使の形骸化・空洞化などの懸念が従来指摘されていました。このような観点から株式の持ち合いは，合理的な理由がない限り，解消すべきものという考え方がコードの諸原則（原則1-4，補充原則1-4①，1-4②）の記載からうかがえます。一方で，株式の持ち合いの全てを解消することが求められているわけではありません。保有を継続する場合には，政策保有株式が十分な（資本コストを上回る）経済的なリターンを企業にもたらしていること，さらに，持ち合いを通じた事業提携等が企業価値の向上につながっていることなどを，十分に検討の上で説明することが求められているものと考えられます。

　日本では，多くの上場会社が政策保有株式を保有しています。過去に業務提携の強化を目的として相互に保有したものが，その後取引関係がなくなったにもかかわらず，売却せずに保有し続けているケースも少なくないと思われます。近年では，金融機関が保有する持ち合い株式の解消が先行しているものの，事業会社

の持ち合い株式の解消がそれほど進んでいないといわれています。議決権行使助言会社や機関投資家が政策保有株式を一定程度保有する上場会社に反対姿勢を明確化するなど，上場会社の持ち合い株式の解消を促す風潮はこれからさらに強まると考えられます。

　政策保有株式に関しては，2019年3月31日決算に係る有価証券報告書から，開示の拡充が図られています。この政策保有株式に関する開示の拡充は，2018年6月に公表された金融庁金融審議会ディスクロージャーワーキング・グループ報告による提言に基づくものです。具体的には有価証券報告書の「コーポレート・ガバナンスの状況等」の「株式の保有状況」の記載の充実を図るものであり，以下の開示が求められることとなりました。

---

① 純投資と政策投資の区分の基準や考え方

② 政策保有に関する方針，目的や効果，さらに保有の合理性の検討方法

③ 個別銘柄の保有の適否に関する取締役会等の検証の内容

④ 前年比で増加した銘柄数，増加理由等

⑤ 個別銘柄の開示上限数の拡大（従前の30銘柄を60銘柄に拡大）

⑥ 個別銘柄ごとの保有目的・効果について，戦略，事業内容およびセグメントと関連付けた具体的説明

⑦ 相互保有の場合に相手方に保有されている株式等

　これらの開示要請に基づいて政策保有株式に関する情報開示については，各社がそれぞれ有用な情報開示に向けて，丁寧な記載を行うことが期待されているところです。

　金融庁では，金融審議会ディスクロージャーワーキング・グループ報告における提言を踏まえて，開示の充実に向けた企業の取り組みを促し，開示の充実を図ることを目的として，有価証券報告書における開示例を中心に好事例を取りまとめた「記述情報の開示の好事例集」を公表していますが，政策保有株式については，現状の開示と投資家が好事例と考える開示との乖離が大きいとの意見が聞かれたために，好事例集の公表に代えて，2019年11月に「政策保有株式：投資家が期待する好開示のポイント（例）」が公表されました。その後も，依然として，投資家の期待と現状の開示の乖離が大きいとの意見が聞かれている一方で，好開示のポイントに沿った事例も見られるという状況から，2021年3月には事例紹介を織り込んだ形で「政策保有株式：投資家が期待する好開示のポイント（例）」が更新されています。

8 ┃ 買収防衛策の株主への説明【原則1-5】【補充原則1-5①】

　　原則1-5では，買収防衛策の導入・運用について，取締役会・監査役が，その必要性・合理性を検討し，適正な手続を確保するとともに，株主に十分な説明を行うべきとされています。買収防衛策が導入されるか否か，導入された場合にはどのように運用されるかは，株主や投資家に対して大きな影響を与えることが想定されるため，取締役会としての考え方を明確に説明することが求められます。買収防衛策についての具体的な説明時期やその方法に決まりはありませんので，基本的には各上場会社の合理的な判断に委ねられていると考えられます。

　　会社法や金融商品取引法においては，買収防衛策の基本方針やライツプラン（Rights Plan）[1] の内容について，事業報告および有価証券報告書における開示が求められており，すでに適切な開示が行われている場合は，コンプライしていると整理できるという考え方もあります。

　　なお，金融商品取引法上の意見表明報告書で開示することも考えられます。意見表明報告書とは，金融商品取引法に基づき公開買付けされる株券等の発行者が，当該公開買付けに関する意見等を表明した文書であり，外部に公表されます。意見表明報告書には，「公開買付けに関する意見の内容，根拠及び理由」の記載が必要になりますので，意見表明報告書において取締役会としての考え方を明確に説明することで，取締役会や監査役が株主に対する受託者責任を果たす一助になることが期待されます。

　　買収防衛策の導入は，株主の権利に関連する事項であるとともに，執行役等の保身の目的で濫用される可能性がありますので，その合理性の検討プロセスに独立社外取締役が関与することも重要なポイントの1つです。

9 ┃ 支配権の変動や大規模な希釈化をもたらす資本政策とは
　　　【原則1-6】

　　原則1-6では，株主の利益を害する可能性のある資本政策について，取締役会・監査役が，その必要性・合理性を検討し，適正な手続を確保するとともに，株主に十分な説明を行うべきとされています。株主の利益を害する可能性のある資本政策を実施する際には，法令等への遵守に加えて，株主に対する受託責任を果たすための適切な対応を取ることが必要です。そうした資本政策の代表例とし

て大規模な増資やMBOが挙げられていますが，これらはあくまでも例示であり，実際にこれらの例示以外にも株主の利益を害する可能性がある資本政策が行われる場合には留意が必要です。これらの例示以外で一般的に支配権の異動や希薄化をもたらす資本政策としては，株式譲渡，新株予約権の発行，ストックオプションの付与，新株予約権付社債の発行などが考えられます。上述の買収防衛策の導入と同様に，その合理性の検討プロセスには独立社外取締役が主導的に関与することが期待されます。

10 関連当事者間の取引に係る開示内容【原則1-7】

　原則1-7では，関連当事者間取引の際に，取引が会社や株主共同の利益を害することがないように取締役会があらかじめ定める手続についてその枠組みを開示し，また，その手続を踏まえた監視を行うべきとしています。

　利益相反の可能性がある会社と関連当事者との取引について，例えば，取引の事前申告や検討・承認のプロセスをあらかじめ定めた上で，これを開示することが求められています。取締役会の審議に際して利害関係者を排除した決議を行うことの他，独立役員や任意の諮問委員会による審議，外部専門家や有識者の活用などの方法も考えられます。

　関連当事者取引については，すでに会社法計算書類や有価証券報告書等において開示が求められていますが，本原則では会社法や金融商品取引法等における要求事項にとらわれず，実質的に利益相反の可能性がある取引全般をその対象としています。一律に開示項目が定められるものではなく，各社がその実態に応じて開示項目を検討する必要がありますが，現在関連当事者間取引がない場合でも，将来発生する関連当事者間取引に備えて，事前に手続を定めておく必要があると考えられます。

　一部の関連当事者取引については，有価証券報告書において開示が求められていますが，以下の取引については開示の対象外とされているため，これらの取引の開示の要否を検討することも必要になると考えられます。

- 連結財務諸表を作成するにあたって相殺消去した取引
- 一般競争入札による取引並びに預金利息及び配当の受取りその他取引の性質からみて取引条件が一般の取引と同様であることが明白な取引
- 役員に対する報酬，賞与及び退職慰労金の支払い

　関連当事者間の取引の重要性やその性質に応じた適切な手続の枠組みは，現行の開示に関する規則等では開示が要求されていませんが，コードでは，関連当事者間取引が生じた際，社内においてどのようなプロセスを経て承認されるかについて文書化し，その内容を開示することが求められています。

　なお，役員報酬については，有価証券報告書上はコーポレート・ガバナンスの状況の中で開示が求められていますが，個人別の役員報酬の金額開示は1億円以上の者に限定されているため，開示の十分性を検討する必要があると考えられます。

第2節　株主以外のステークホルダーとの適切な協働

基本原則2

> 　上場会社は，会社の持続的な成長と中長期的な企業価値の創出は，従業員，顧客，取引先，債権者，地域社会をはじめとする様々なステークホルダーによるリソースの提供や貢献の結果であることを十分に認識し，これらのステークホルダーとの適切な協働に努めるべきである。
> 　取締役会・経営陣は，これらのステークホルダーの権利・立場や健全な事業活動倫理を尊重する企業文化・風土の醸成に向けてリーダーシップを発揮すべきである。

　基本原則2では，株主以外のステークホルダーとの適切な協働について述べられています。近年欧米諸国を中心にマルチステークホルダー重視の風潮が高まってきています。わが国のコードでは，2015年の初版から既に，株主以外のステークホルダーとの協業を通じて企業が持続的な成長と中長期的な企業価値の創出を図ることが期待されることが明記されています。基本原則2に関連する各原則として以下が設けられています。

- 中長期的な企業価値向上の基礎となる経営理念の策定【原則2-1】
- 会社の行動準則の策定・実践【原則2-2】
- 社会・環境問題をはじめとするサステナビリティを巡る課題【原則2-3】
- 女性の活躍促進を含む社内の多様性の確保【原則2-4】
- 内部通報【原則2-5】
- 企業年金のアセットオーナーとしての機能発揮【原則2-6】

　本節では，「株主以外のステークホルダーとの適切な協働」の諸原則に関連する主な論点について，解説を行います。

1 │ ステークホルダー資本主義，ESG投資，サステナビリティ課題など【基本原則2】【原則2-1】【原則2-2】【補充原則2-2①】【原則2-3】【補充原則2-3①】

　原則2-1では中長期的な企業価値向上の基礎となる経営理念の策定を，原則2-2では会社の行動準則の策定と実践について，また原則2-3では社会環境問題をはじめとするサステナビリティを巡る課題への対応を，上場会社に求めています。これらの原則は当初からわが国のコードに明記されていたものですが，近年の欧米諸国のステークホルダー資本主義の風潮，ESG投資の盛り上がり，サステナビリティ開示への関心の高まりなどの動きと呼応するものがあります。

⒜　ステークホルダー資本主義の風潮

　2019年8月に米国の大手企業の経営者から構成されるNPO団体である「ビジネス・ラウンド・テーブル（Business Round Table）」は，従来の株主資本主義から転換し，マルチステークホルダーにコミットする内容の声明（Statement on the Purposes of a Corporation）[2]を公表しました。この声明では，企業は，自由市場経済のなかで社会に不可欠な商品やサービスの供給，雇用創出，イノベーション等に重要な役割を果たしていることを指摘した上で，全てのステークホルダーに対するコミットメントを行うとしています。すなわち，企業は，顧客への価値の提供，従業員の能力開発への取り組み，サプライヤーとの公平で倫理的な関係の構築，地域社会への貢献を行った上で，株主に対する長期的利益の提供を行うという考え方を示しています。この声明は，米国企業のこれまでの「株主資本主義」を批判し，「ステークホルダー資本主義」への転換を宣言するものとして，ビジネス界に大きな反響をもたらしました。これを受けて，2020年1月のダボス会議[3]ではステークホルダー資本主義を提唱する「ダボス・マニフェスト2020」が作成された他，エコロジー（気候変動リスク対応），経済，テクノロジー，社会，地政学，産業の6つを重要項目として議題に取り上げています。

　欧州では，EU（欧州委員会）によってSustainable Corporate Governanceという取り組みが行われており，その中でステークホルダーへの考慮，またそのた

めの規制の要否等についての議論が行われています。

(b)　企業のパーパス

　上述のビジネス・ラウンド・テーブルの声明以降，日本企業にも自社のパーパスを公表し，企業の経済的価値の側面だけでなく，社会的価値の側面から自らの存在意義を定義しようという動きが広がってきています。米国の大手資産運用会社のCEOであるラリー・フィンクは毎年の恒例として取引先企業のCEO宛の書簡を公表することで有名ですが，2019年には企業のパーパスについて，「企業のパーパスと利益は両立する，すなわち企業のパーパスは，利益と矛盾するものでなく，むしろ利益を達成するための活力となる」という趣旨を書簡で述べています。

　原則2-1では，企業の社会的責任についての考え方を踏まえ，中長期的な企業価値向上の基礎となる経営理念の策定することを，原則2-2では多様なステークホルダーを考慮した会社の行動準則の策定・実践を求めています。

(c)　ESG投資について

　近年ESG投資が活発になってきています。ESGとは，Environment, Social, Governanceの頭文字をとった，環境，社会および企業統治の問題を指しています。ESGという言葉は，2006年4月にニューヨーク証券取引所において，当時のコフィー・アナン国連事務総長が発表した責任投資原則（Principles for Responsible Investment, PRI）において使われ，注目を浴びました。この原則の中で，企業の長期的な投資価値を判断する際には，ESG課題に対する企業の取組みを考慮することが提唱されています。PRIは世界共通のガイドライン的な性格を持ち，国連環境計画・金融イニシアティブ（UNEPFI）および国連グローバル・コンパクト（UNGC）が推進しています。

　この原則の中では以下の事項が宣言されています。

【図表4-1】責任投資原則の6つの原則

① 　私たち（機関投資家）は投資分析と意志決定のプロセスにESGの課題を組み込みます。
② 　私たちは活動的な（株式）所有者になり，（株式の）所有方針と（株式の）所有慣習にESG問題を組み入れます。
③ 　私たちは，投資対象の主体に対してESGの課題について適切な開示を求めます。

④　私たちは，資産運用業界において本原則が受け入れられ，実行に移されるように働きかけを行います。
⑤　私たちは，本原則を実行する際の効果を高めるために，協働します。
⑥　私たちは，本原則の実行に関する活動状況や進捗状況に関して報告します。

出所：PRI「責任投資原則」（2006年4月）。

　PRIに署名した機関投資家の数と運用資産総額は近年急速に増えており，PRIのウェブサイトによると，2020年時点で約3,000の機関投資家により100兆米ドルを超える資産が運用されているとのことです。
　わが国においても，GPIF（年金積立金管理運用独立行政法人）が2015年にPRIに署名しており，その後GPIFから資金運用を受託する機関投資家等が投資先企業との対話においてESGの視点を意識するようになっています。2017年にGPIFがESGインデックスの運用を開始していますが，これはESGスコアの高い上場企業を優先的にインデックスに組み入れるというものです。こういった動きは，日本の上場企業がESGへの取組みを加速する契機となりました。

(d)　サステナビリティ

　外務省のウェブサイトによると，サステナビリティ（持続可能性）とは，1987年の国連「環境と開発に関する世界委員会」（ブルントラント委員会）の「持続可能な開発」がベースとなり，「将来の世代の欲求を満たしつつ，現在の世代の欲求も満足させるような開発」とされています[4]。上述のESG投資の活発化に伴い，上場企業のESG情報を含むサステナビリティ開示への取り組みも近年進んでいます。企業がサステナビリティ情報を開示する媒体は，有価証券報告書の他，任意で作成するサステナビリティ報告書や統合報告書など多岐に渡ります。
　今回（2021年）のコード改訂では，基本原則2の考え方の記載にあるとおり，国連によるSDGs（持続可能な開発目標）の採択やTCFD（気候変動財務情報開示タスクフォース）への賛同機関数の増加などをあげて，上場企業が幅広いステークホルダーを考慮して，社会・経済全体に利益を及ぼす結果として，会社自身に利益がもたらされるという好循環の実現を期待しています。

2 ▌ 女性の活躍促進を含む多様性の確保【原則2-4】【補充原則2-4①】

　原則2-4は女性の活躍促進を含む社内の多様性の確保の推進を求めています。女性の管理職比率については，2003年の小泉内閣の時代に「2020年までに指導的地位に女性が占める割合が少なくとも30％程度」という政府目標が掲げられ，2016年4月には「女性活躍推進法」が施行されましたが，残念ながら現在までにほとんどの分野で未達となっています。

　女性の活躍促進は企業の生産性やイノベーションの力を引き上げ，潜在成長力を高めることにつながるとされています。また，役員登用を含む女性の活躍促進は企業のパフォーマンスにプラスの効果があると認識されており，機関投資家による投資判断に際しても重視されている指標です。わが国では，女性の非正規雇用の割合が高く，課題も多い状況ですが，各企業の意識変革が求められています。

　女性の活躍促進によって，属性についての多様性は一部確保されますが，その他にも国籍や民族という属性についても配慮が必要です。経験・技能といった視点は，性別には必ずしも直接関係ありません。また，経験の多様性を考えるに際しては，業務を遂行上の経験のみならず，生まれてから現在までの経験，すなわち，異なる文化・地域の中での経験といった要素を考えることも必要です。また，技能といった視点は，スペシャリストを育成するという欧米諸国の考え方にも近いものがあり，一般的にジェネラリストを良しとしてきた日本企業の文化を少しずつ変えていくものであるかもしれません。女性の活躍促進にかかわらず，多様な人材を確保することで，企業全体が変化に対応しやすくなり，視野が広がると考えられます。

3 ▌ 内部通報に関する窓口の設置【原則2-5】【補充原則2-5①】

　原則2-5では，適切な内部通報に係る体制整備を実現する責務を負うとともに，その運用状況を監督する取締役会の責務について記載されています。また，補充原則2-5①では，内部通報制度を設ける際に経営陣から独立した窓口とするべきであり，情報提供者の秘匿と不利益取扱いの禁止に関する規律を整備するべきであるとしています。

　経営陣から独立した窓口として，補充原則2-5①では，社外取締役と監査役による合議体が例示されていますが，全くの第三者機関（例えば外部の弁護士事

務所）に窓口を委ねる，という方法も考えられます。また，昔ながらのご意見箱を設けるという方法もあります。その他，筆跡がわからないようにパソコンに通報の内容を入力し，印刷してご意見箱に投函してもらうという方法も考えられます。内部通報には，ホットライン（電話線）やイントラネットを使用した方法がありますが，通報先の顔がわからないと通報する側も不安ですので，通報先の顔写真を掲示している会社もあるようです。

　窓口をどのようなものにしたとしても，情報提供者の秘匿と不利益取扱いの禁止に関する規律を整備することが重要となります。

4 企業年金のアセットオーナーとしての機能発揮【原則2-6】

　原則2-6は2018年のコード改訂の際に新設されました。従来，スチュワードシップ・コードに署名する企業年金が少ないこと，また企業年金においてはス

【図表4-2】企業年金におけるスチュワードシップ活動の概念図

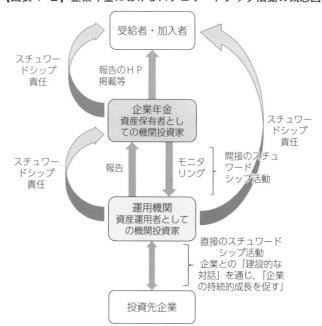

出所：企業年金連合会　スチュワードシップ検討会報告書「企業年金と日本版スチュワードシップ・コード」（2017年3月17日）。

チュワードシップ活動を含めた運用に携わる人材が質的・量的に不足していることが課題として挙げられていました。原則2-6はアセットオーナーである企業年金がインベストメント・チェーンにおいて適切にスチュワードシップを発揮することを期待しているものです。

　上場会社に対して，企業年金が運用（運用機関に対するモニタリングなどのスチュワードシップ活動を含む）の専門性を高めてアセットオーナーとして期待される機能を発揮できるよう，運用にあたる適切な資質を持った人材の計画的な登用・配置などの人事面や運営面における取り組みを行うこと，また，そうした取り組みの内容を開示することを求めています。さらに，その際，上場会社は，企業年金の受益者と会社との間に生じ得る利益相反が適切に管理されるよう配慮することが求められています。

第3節　適切な情報開示と透明性の確保

基本原則3

> 　上場会社は，会社の財政状態・経営成績等の財務情報や，経営戦略・経営課題，リスクやガバナンスに係る情報等の非財務情報について，法令に基づく開示を適切に行うとともに，法令に基づく開示以外の情報提供にも主体的に取り組むべきである。
> 　その際，取締役会は，開示・提供される情報が株主との間で建設的な対話を行う上での基盤となることも踏まえ，そうした情報（とりわけ非財務情報）が，正確で利用者にとって分かりやすく，情報として有用性の高いものとなるようにすべきである。

　基本原則3では，適切な情報開示と透明性の確保について述べられています。会社の財政状態・経営成績等の財務情報や，経営戦略・経営課題，リスクやガバナンスに係る情報等の非財務情報について，法令に基づく開示以外の情報提供にも主体的に取り組むべきであり，正確で分かりやすく，有用性が高いものになることが求められます。基本原則3に関連する各原則として以下が設けられています。

- 情報開示の充実【原則3-1】
- 外部会計監査人【原則3-2】

　本節では，「適切な情報開示と透明性の確保」の諸原則に関連する主な論点について，解説を行います。

1 非財務情報とは【基本原則3】

　非財務情報は，財務情報以外の情報であるという定義もあり，有価証券報告書上の経理の状況以外のパートであるという定義もあります。また，より狭い意味では，「環境，社会，企業統治」（ESG）情報とほぼ同義に使われている場合もあります。

　このように非財務情報を捉える枠組みはさまざまであり，利用する目的によってさまざまな観点から財務以外の情報が分類され明示されています。とりわけコードにおいては，会社の持続的な成長と中長期的な企業価値の向上を図るための対話の促進が期待されており，その実効性を高めるためにも，投資家は，会社が中長期にわたりどのように価値を創造するか，という情報が開示および提供されることを期待していると考えられます。

　例えば，原則3-1において示されている「会社の目指すところ（経営理念等）」は，会社のミッションや社訓などを指すと考えられ，企業の価値創造プロセスの基本となる経営戦略や経営計画の大きな方向性を定める基礎となるものと考えられます。このような経営理念等と経営戦略・経営計画，さらにリスク情報やガバナンスに係る情報などが相互に関連付けられて示される場合には，株主を含むステークホルダーにとって，企業がどのように中長期的な事業価値の向上を図ろうとしているかを知るために有用な非財務情報となり得ます。

2 非財務情報の開示の媒体【基本原則3】

　非財務情報に関する開示は，有価証券報告書，アニュアルレポート，コーポレート・ガバナンスに関する報告書，CSR報告書といった報告書形式や，各社のウェブサイトなどのさまざまな媒体で行われています。

　会社の目指すところ（パーパス，経営理念等），経営戦略，経営計画はウェブサイト上や動画で紹介されたり，定量情報は比較可能なXBRL等のデータ形式で提供されたりするなど，開示する非財務情報の性質に応じて，開示メディアを使い分けることが考えられます。

　同一または同様の内容の情報を，複数の媒体で二重に開示する不効率を排除するために，例えば，コーポレート・ガバナンスに関する報告書上で，開示されているウェブサイトのURLなどを参照する形式も認められています。

3 経営陣幹部および取締役の報酬の決定方針と手続【原則3-1】

　原則3-1では，主体的な情報発信を行うべき項目として，以下を列挙してい
ます。

---

　i．会社の目指すところ（経営理念等）や経営戦略，経営計画

　ii．コーポレートガバナンスに関する基本的な考え方と基本方針

　iii．取締役会が経営陣幹部・取締役の報酬を決定するに当たっての方針と手続

　iv．取締役会が経営陣幹部の選解任と取締役・監査役候補の指名を行うに当たっての方針
　　　と手続

　v．取締役会が経営陣幹部の選任と取締役・監査役候補の指名を行う際の，個々の選解任・
　　　指名についての説明

　経営陣幹部および取締役の報酬の決定方針と手続については，原則4-2，補
充原則4-2①において関連した項目があります。原則4-2では，経営陣の報酬
について，中長期的な会社の業績や潜在的リスクを反映させたインセンティブ付
けを行うべきとされています。また，補充原則4-2①では，経営陣の報酬につ
いて，客観性・透明性ある手続に従い報酬制度を設計し，具体的な報酬額を決定
すべきとされています。

　CGSガイドラインでは，日本企業の経営陣の報酬体系については固定報酬が主
である現状に関して，今後，中長期的な企業価値を向上させるためには，業績連
動報酬や自社株報酬を導入することが推奨されるとしています。また，業績連動
報酬や自社株報酬を導入するか報酬政策を検討する際は，経営戦略を踏まえ具体
的な目標となる経営指標（KPI）を設定し，それを実現するための報酬体系を検
討する，というステップを経ることが重要とされています。このように，報酬政
策は企業が掲げる経営戦略等の基本方針に基づいて設計されることから，投資家
の関心が高い項目の1つとなっています。中長期的な企業価値に向けた報酬体系
についての株主等の理解を促すために，業績連動報酬や自社株報酬の導入状況や
その内容を企業が積極的に情報提供することが望まれます。また，報酬の決定方
針のみならず，報酬委員会（任意の委員会を含む）等における報酬の決定手続に
ついても具体的にそのプロセスを開示することが望まれます。

4 ┃ 経営陣幹部の選解任と取締役・監査役候補の指名の決定方針と手続 【原則3-1】【補充原則4-1③】【補充原則4-3①】【補充原則4-3②】

　経営陣幹部の選解任と取締役・監査役候補の指名の決定方針と手続については，補充原則4-1③，補充原則4-3①，補充原則4-3②に関連した記載があります。補充原則4-1③では，取締役会が後継者計画（プランニング）の策定・運用に主体的に関与し，計画的な後継者候補の育成を監督すべきとされています。補充原則4-3①では，取締役会が経営陣幹部の選解任について，公正かつ透明性の高い手続を行うべきとされています。補充原則4-3①では，取締役会がCEOの選解任について，客観性・適時性・透明性ある手続に従い，資質を備えたCEOを選任すべきとされています。

　CGSガイドラインでは，後継者計画の策定・運用に取り組む際の7つの基本ステップ（1．後継者計画のロードマップの立案，2．「あるべき社長・CEO像」と評価基準の策定，3．後継者候補の選出，4．育成計画の策定・実施，5．後継者候補の評価，絞込み・入替え，6．最終候補者に対する評価と後継者の指名，7．指名後のサポート）が紹介されています。

　経営陣幹部の選解任と取締役・監査役候補の指名の決定方針については，選任基準や解任基準を示すことの他，取締役会の構成についての考え方を示すこと等が考えられます。また，指名の決定方針のみならず，指名委員会（任意の委員会を含む）等における指名の決定手続についても具体的にそのプロセスを開示することが望まれます。

5 ┃ 利用者にとって付加価値の高い情報開示とは 【補充原則3-1①】

　補充原則3-1①では，取締役会は，ひな型的な記述や具体性を欠く記述を避け，利用者にとって付加価値の高い記載となるようにすべきとされています。

　近時，持続的な企業価値創造のために企業と投資家の建設的な対話を重視する流れの中で，財政状態・経営成績等の財務情報のみならず，経営戦略・経営課題，リスクやガバナンスに係る情報等の非財務情報の開示に対する期待はますます膨らんでいます。これらを事業の内容，企業の戦略，リスク，ガバナンスなどの状況とは無関係に，ひな型的に記述し，または具体性を欠く抽象的な記述をするのでは意味を成しません。会社の持続的な成長および中長期的な企業活動の向上の

ための対話の促進をする上でも，会社の外側にいて情報の非対称性の下におかれている株主等のステークホルダーと認識を共有し，その理解を得るために，正確性，分かりやすさ，情報としての有用性を確保した十分な情報を効果的かつ効率的に開示および提供することが必要となります。

　コンプライ・オア・エクスプレインの手法の下では，コードの各原則（基本原則・原則・補充原則）などを機械的，画一的に遵守しなくとも，個別事情に照らして，中長期的な企業価値の向上のために実施することが適切ではない場合には，「それを実施しない理由」を十分に説明することにより一部の原則を実施しないことができます。

　エクスプレインを行う際，会社は，実施しない原則に係る自らの対応について株主等のステークホルダーの理解が十分に得られるように工夫すべきであり，ひな型的な表現により表層的な説明に終始するのでは意味がありません。ステークホルダーの理解に資する，具体的かつ合理的な説明を行うことが求められています。

6 ┃ 英語で開示を行うべき開示書類の範囲　【補充原則3-1②】

　補充原則3-1②では，「上場会社は，自社の株主における海外投資家等の比率も踏まえ，合理的な範囲において，英語での情報の開示・提供を進めるべきである。特にプライム市場上場会社は，開示書類のうち必要とされる情報について，英語での開示・提供を行うべきである。」とされています。

　補充原則3-1②の実施率は79.7％と比較的低くなっており，実施しない理由としては，「現状，海外の投資家比率が低いことから実施しないが，将来的に高くなった場合は実施を検討する」といった内容のものが大半を占めています[5]。

　英文開示を行う企業は年々増加傾向にはあるものの，2020年12月末時点における東証一部の英文開示の状況は，決算短信では55.5％，招集通知では50.3％である一方，コーポレート・ガバナンスに関する報告書（以下，「CGに関する報告書」という）では16.7％，有価証券報告書では8.6％とさらに低くなっています。

　外国人持株比率が30％以上の企業の英文開示実施率を見ても，決算短信では76.4％，招集通知では78.8％である一方，CGに関する報告書では42.0％，有価証券報告書では18.7％とさらに低くなっており，日本企業の英文開示に対する取り組みは十分とはいえない状況にあります。

【図表4-3】東証一部の英文開示の状況

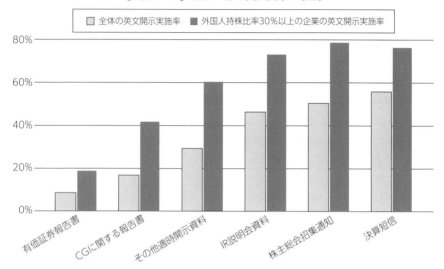

出所：東京証券取引所「英文開示実施状況調査集計レポート（2020年12月末時点）」（2021年3月5日）
　　　を基に筆者が作成。

　海外の機関投資家からは，日本企業のコーポレートガバナンスに関する取り組み状況への関心は高く，CGに関する報告書の英文開示への対応がさらに進むことが期待されています。また，有価証券報告書についても，全文を英文開示することが難しい場合は，相対的に重要性が高い情報（財政状態・経営成績等の財務情報や，経営戦略・経営課題，リスクやガバナンスに係る情報等の非財務情報）について優先的に開示するという対応も考えられます。

　また，英語で開示を行う開示書類の範囲を検討する他，英文開示のタイミングにも留意が必要です。2020年12月末時点における東証一部で決算短信を日英同時開示している企業は25.5％，招集通知を日英同時開示している企業は29.6％にすぎません[6]。海外の機関投資家の利便性の向上に資するためには，重要性が高い情報を日英同時開示する，同時に開示することが難しい場合は日本語開示とのタイムラグが大きく生じることがないよう，できるだけ早く英文開示することが望まれます。

7 ┃ サステナビリティへの取組み等【補充原則3-1③】

　補充原則3-1③では，①上場会社は，経営戦略の開示に当たって，自社のサステナビリティについての取組みを適切に開示すべき，②人的資本や知的財産への投資等について，自社の経営戦略・経営課題との整合性を意識しつつ分かりやすく具体的に情報を開示・提供すべき，③プライム市場上場会社は，気候変動に係るリスクおよび収益機会が自社の事業活動や収益等に与える影響について，必要なデータの収集と分析を行い，国際的に確立された開示の枠組みであるTCFDまたはそれと同等の枠組みに基づく開示の質と量の充実を進めるべきとされています（本書「第3章第4節　サステナビリティ（ESG要素を含む中長期的な持続可能性）を巡る課題への取組み」参照）。

　投資家と企業の間のサステナビリティに関する建設的な対話を促進する観点からは，サステナビリティに関する開示が行われることが重要であり，中長期的な企業価値向上に向けて，人的資本や知的財産への投資等に係る具体的な情報開示が行われることが重要です。

　サステナビリティへの取組み，人的資本や知的財産への投資等，および気候変動に係るリスク等に係る開示は，金融庁から公表されている「記述情報の開示の好事例集2020」（2020年11月6日）の「ESG」に関する開示例が参考になります。「ESG」に関する開示例では，①SDGsと事業との関連性に関する開示，②ダイバーシティの推進に関する開示，③気候変動に関する開示，④人材育成・人材投資に関する開示，⑤デジタルトランスフォーメーション（DX）に関する開示，⑥経営者メッセージに関する開示，の種別で好事例を探すことができます。

　補充原則3-1③は，「コーポレート・ガバナンスに関する報告書」において特定の事項を開示すべきとする原則とされており，「コードの各原則に基づく開示」の欄に直接記載する方法の他，有価証券報告書，アニュアルレポートまたは自社のウェブサイト等において該当する内容を開示している場合には，その内容を参照すべき旨と閲覧方法（ウェブサイトのURL等）を記載することも許容されています。このため，サステナビリティへの取り組み，人的資本や知的財産への投資等，および気候変動に係るリスク等の情報は，企業によって開示媒体が異なります。この点，わが国の制度改革の1つとして，投資家が開示の企業間比較を行いやすくなるような開示のプラットフォームの整備が今後望まれるところです。

8 ┃ 監査役会による外部会計監査人の評価基準の策定
【原則3-2】【補充原則3-2①】

　補充原則3-2①では，監査役会が外部会計監査人候補を適切に選定し外部会計監査人を適切に評価するための基準の策定を行うべきとされています。

　外部会計監査人の評価基準を策定するに当たっては，日本監査役協会「会計監査人の選解任等に関する議案の内容の決定権行使に関する監査役の対応指針」や日本公認会計士協会の監査基準委員会報告書260「監査役等とのコミュニケーション」に基づく要求事項について受領した報告内容，あるいは，企業会計審議会「監査に関する品質管理基準」，日本公認会計士協会の監査基準委員会報告書220「監査業務における品質管理」の内容などを参考にすることが考えられます。

　外部会計監査人の評価に際しては，まず，監査品質を維持し適切に監査しているかについて会計監査人から情報を入手し，評価することが必要でしょう。なお，日本監査役協会「会計監査人の評価及び選定基準策定に関する監査役等の実務指針」では，会計監査人の評価基準項目例が公表されており，外部会計監査人の評価基準を策定する際の参考にすることができます。

9 ┃ 外部会計監査人の独立性と専門性
【原則3-2】【補充原則3-2①】

　補充原則3-2①では，監査役会が外部会計監査人に求められる独立性と専門性を有しているか否かについての確認を行うべきとされています。

　外部会計監査人は，監査および会計の専門家であると同時に，独立した第三者として監査意見を形成するため，監査の実施に当たって公正不偏の態度を保持（精神的独立性）し，特定の利害関係を有さず，その疑いを招く外観を呈さない（外観的独立性）ことが強く要求されています。監査人の独立性要件は，精神的独立性とともに，経済的独立性（投資や金銭貸借など），身分的独立性（雇用関係，家族関係など），独立性を損なうおそれのある非監査サービスの同時提供の禁止，会社と監査人との馴れ合いや癒着関係を絶つローテーションなど，複雑かつ多岐にわたります。

　会社計算規則第131条において，会計監査人は特定監査役に対して，①独立性に関する事項その他監査に関する法令及び規程の遵守に関する事項，②監査，監

査に準ずる業務及びこれらに関する業務の契約の受任及び継続の方針に関する事項，③会計監査人の職務の遂行が適正に行われることを確保するための体制に関するその他の事項，を通知することが求められています。監査役会が，当該通知を会計監査人から受けると同時に，その内容について説明を受けることで，外部会計監査人の独立性や専門性を確認することが求められています。

　また，公認会計士法第28条の2において，監査証明業務を行った公認会計士（監査法人の業務執行社員を含む）に対しては，当該会社に対する一定の就業制限が課せられますが，このような独立性の阻害要因を未然に排除する観点から，監査法人の業務執行社員の雇用その他の独立性に関する正式な方針を導入することも考えられます。

　なお，原則4-11では，財務・会計に関する十分な知見を有している者が監査役として1名以上選任されるべきとされています。監査役が外部会計監査人の評価を適切に行うために，また，監査役会と外部会計監査人との連携において実効性を確保する観点からも，監査役会には財務・会計に関する知見が求められます。

10 外部会計監査人，監査役，内部監査部門との連携で必要となる対応【補充原則3-2②】

　補充原則3-2②では，取締役会及び監査役会は外部会計監査人と監査役（監査役会への出席を含む），内部監査部門や社外取締役との十分な連携の確保を行うべきとされています。

　コードにおいては，会議の開催記録の作成や議事録保管が明示的に求められていませんが，監査役会と外部会計監査人の双方が，議事録や監査調書をそれぞれ保管することは当然に求められます。

　また，CGに関する報告書において，監査役，会計監査人，内部監査部門の連携状況の開示が要求されています。記載要領では，監査役と会計監査人との間，または監査役と内部監査部門との間で会合を開催している場合は，その会合頻度および内容（監査体制，監査計画，監査実施状況など）について，また，会計監査人の情報（会社法施行規則126条参照）について補足説明することが挙げられています。

　これに従い，多くの企業ではコーポレート・ガバナンスに関する報告書において，定期的あるいは随時に会合を持ち，それぞれの監査計画と結果について情報

共有をしながら監査を実施している旨などが開示されています。コーポレート・ガバナンスに関する報告書では，連携に関する文書での説明は簡潔とし，末尾に模式図等の参考資料を付して，外部会計監査人と監査役会，内部監査人等との連携が「図式化」され矢印で結ぶことにより，システムとしての関係性が説明されている開示例が多く見受けられます。

　これからの「対話」時代のガバナンスにおいては，図式化やシステム重視の説明よりも，具体的な双方向の連携内容，連携がどのように機能しているか，連携の結果として当期は何を実施してきたかなどを，より具体的に説明することが求められると考えられます。

11 ┃ 社外取締役と外部会計監査人によるコミュニケーションの必要性【補充原則3-2②】

　補充原則3-2②では，取締役会及び監査役会は外部会計監査人と監査役（監査役会への出席を含む），内部監査部門や社外取締役との十分な連携の確保を行うべきとされています。

　社外取締役は，モニタリングを有効に行うため，外部会計監査人等との双方向の連携が必要となります。社外取締役は，取締役会の構成員であり，一般株主を代弁して独立した客観的な立場から，内輪の論理に疑問を投げかけることができますが，そもそも非常勤で部下はおらず業務執行を行わないため，情報量に制約があります。この点は考慮されるものの，社外取締役の善管注意義務の程度，他の取締役に対する監視義務の水準は，一般の取締役と異なりません。平時において社外取締役は，取締役会等で会計監査人からの指摘事項の有無や内容を担当取締役から聞き，必要があれば当該担当取締役等を通じて追加の情報を求めることになります。

　しかし，社外取締役が，不祥事の発生または兆候を知ったなど有事の際には，違法性を監査する役割の監査役（会）に報告し（会社法357条），また，正確な情報を把握するため，内部監査部門，監査役（会），会計監査人と緊密なコミュニケーションを図り，連携した対応が必要となります[7]。

　外部会計監査人の立場からは，通常は，業務監査権限を有し，外部会計監査人の監査の方法と結果について相当性を判断する監査役（会）とのコミュニケーションを行いますが，例えば，(1)経営者の関与が疑われる不正を発見した場合，

または不正による重要な虚偽表示の疑義があると判断した場合，(2)経営者との連絡・調整や監査役会との連携に係る体制整備を図るため，独立社外取締役の互選により「筆頭独立社外取締役」が決定されている場合，(3)取締役会議長と経営者とを分離している場合など，必要に応じて社外取締役ともコミュニケーションを行うことが有用な場合があります[8]。

第4節　取締役会等の責務

基本原則4

> 　上場会社の取締役会は，株主に対する受託者責任・説明責任を踏まえ，会社の持続的成長と中長期的な企業価値の向上を促し，収益力・資本効率等の改善を図るべく，
> (1)　企業戦略等の大きな方向性を示すこと
> (2)　経営陣幹部による適切なリスクテイクを支える環境整備を行うこと
> (3)　独立した客観的な立場から，経営陣（執行役及びいわゆる執行役員を含む）・取締役に対する実効性の高い監督を行うこと
> をはじめとする役割・責務を適切に果たすべきである。
> 　こうした役割・責務は，監査役会設置会社（その役割・責務の一部は監査役及び監査役会が担うこととなる），指名委員会等設置会社，監査等委員会設置会社など，いずれの機関設計を採用する場合にも，等しく適切に果たされるべきである。

　基本原則4では，取締役会等の責務について述べられています。上場会社の取締役会等が，会社の持続的成長と中長期的な企業価値の向上のために果たすべき役割・責務とは何か，コロナ後の変化に迅速に対応した意思決定を行い，取締役会等の機能を十分に発揮させるために取り組むべき事項が示されています。また中長期的な成長を支えるために不可欠な「守りのガバナンス」，監査の信頼性確保ならびに内部統制やリスク管理の重要性が述べられています。これらの取締役会等の役割・責務は，会社が監査役会設置会社，指名委員会等設置会社，監査等委員会設置会社などいずれの機関設計を採用する場合にも，等しく適切に果たされるべきとされています。さらに，支配株主を有する上場会社には，少数株主の利益を保護するためのガバナンス体制の整備することを求めています。基本原則4に関連する各原則として以下が設けられています。

- 取締役会の役割・責務【原則4-1】【原則4-2】【原則4-3】
- 監査役及び監査役会の役割・責務【原則4-4】
- 取締役・監査役等の受託者責任【原則4-5】
- 経営の監督と執行【原則4-6】
- 独立社外取締役の役割・責務【原則4-7】
- 独立社外取締役の有効な活用【原則4-8】
- 独立社外取締役の独立性判断基準及び資質【原則4-9】
- 任意の仕組みの活用【原則4-10】
- 取締役会・監査役会の実効性確保のための前提条件【原則4-11】
- 取締役会における審議の活性化【原則4-12】
- 情報入手と支援体制【原則4-13】
- 取締役・監査役のトレーニング【原則4-14】

　本節では，「取締役会等の責務」の諸原則に関連する主な論点について，解説を行います。

1 ┃ 監査役会設置会社，指名委員会等設置会社，監査等委員会設置会社の概要【基本原則4】

　上場会社は，通常，会社法が規定する機関設計のうち主要な3種類（監査役会設置会社，指名委員会等設置会社，監査等委員会設置会社）のいずれかを選択することとされています。

　監査役（会）設置会社は，取締役会と監査役・監査役会に統治機能を担わせるわが国独自の制度であり，監査役は取締役・経営陣等の職務執行の監査を行うこととされ，法律に基づく調査権限が付与されています。また，独立性と高度な情報収集能力の双方を確保すべく，株主総会で選任される監査役の半数以上は社外監査役とし，かつ常勤の監査役を置くこととされていますが，監査役に取締役会の議決権は付与されていません。

　指名委員会等設置会社は，取締役会に指名委員会，報酬委員会，監査委員会を設置して一定の役割を担わせることにより監督機能の強化を目指すもので，諸外国にも類例が見られる制度です。

　監査等委員会設置会社は，取締役会に監査等委員会が設置されている機関設計

です。指名委員会等設置会社および監査等委員会設置会社ともに，各委員会は3名以上の取締役によって構成され，過半数は社外取締役としなければならないとされ，監査役や監査役会は設置されず，各取締役は取締役会での議決権を有しています。

　監査役（会）設置会社は，日本独自の制度であるため，外国人投資家等への説明が難しい場合があるかもしれませんが，構成員が非常勤の非業務執行取締役であることを前提とした他の2つの制度と比較すると，常勤監査役が義務付けられているため，監査における情報収集能力という点で優れている点があると考えられます。監査等委員会設置会社については，監査等委員である取締役に，取締役会における議決権を付与することで，監査・監督機能の強化につながることが考えられ，独立社外監査役を独立社外取締役として取締役会の構成員とすることで社外取締役比率を高め，透明性のより一層の向上や株主の視点を踏まえた議論の活発化が期待できる可能性もあります。3つの制度設計に優劣はなく，どのような制度設計を選択するかは，会社の実情を踏まえて各社で選択することになります。

　なお，「東証上場会社全体の67.9%（2,495社）が監査役会設置会社であり，続いて2015年の会社法改正で導入された監査等委員会設置会社が30.1%（1,106社），指名委員会等設置会社は2.1%（76社）（東証上場会社コーポレート・ガバナンス白書2021 図表63）」と示されています。

【図表4-4】 組織形態（市場区分別）

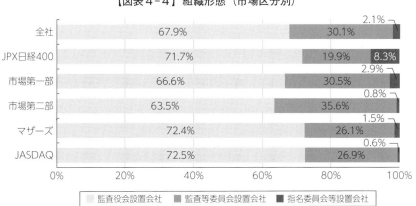

出所：東京証券取引所「東証上場会社コーポレート・ガバナンス白書2021　図表63」（2021年3月）。

2 取締役会が経営陣に対する委任の範囲を定める際の留意点
【原則4-1】【補充原則4-1①】

　事業環境の変化する中において，取締役会は，経営陣の迅速・果断な意思決定とリスクテイクを支えるとともに，実効性の高い監督を行うことが求められています。そうした中で，取締役会の業務執行権限の一部を経営会議などの執行部門（経営陣）に委譲する動きが見られます。

　補充原則4-1①では，取締役会と経営陣（執行部門）との権限の範囲を適切かつ明確に定めることを求めています。意思決定の迅速化と監督機能の強化の観点から，取締役会では，監督機能や戦略決定などの重要な業務執行により注力すべきであるという考え方がうかがえます。取締役会の機能をより監督機能に重点を置くと同時に，経営陣の役割と責任を明確にした上で経営陣への適切な権限委譲の範囲を定めることが望ましいと考えられます。

　取締役会は，中長期的な成長を実現するために，経営戦略や経営計画等について建設的な議論を行うべきであるとされています。取締役会の機能強化を図るため，2021年コード改訂において，独立社外取締役の有効な活用，取締役会の構成（スキルマトリックス）の開示，任意の指名・報酬委員会のさらなる活用等が盛り込まれました（本書「第3章第2節　取締役会の機能発揮」参照）。

　取締役会において，日常的な業務執行にかかる意思決定に重きを置くのではなく，事業ポートフォリオの見直し等も含めた将来にむけた経営戦略についての建設的な議論が行われることを監督するという「攻めのガバナンス」機能が十分発揮されるよう，経営陣に対する委任の範囲を定めることが求められています。

3 経営陣幹部による適切なリスクテイクを支える環境整備
【原則4-2】

　取締役会の役割について，「攻めのガバナンス」のための監督・助言機能を発揮しうる環境を整備するという観点で原則4-2が記載されています。

　とりわけ，社外取締役には経営陣の適切なリスクテイクの後押しという意味での攻めの監督機能を発揮することが期待されています。社外取締役ガイドラインにおいて，「『監督』という言葉が，経営陣のリスクテイクに対してブレーキを踏む役割であるかのような印象を与えることがあるが，むしろ株主から付託を受け

た資本を適切に運用し，資本コストを十分に上回る収益性を実現するためには適切なリスクテイクを行っていく必要があり，取締役会で十分に議論を尽くして決定した経営戦略や投資に関して，監督者として，経営陣とともに，様々な投資家から成る資本市場に対して説明責任を果たし，経営陣のリスクテイクを支えることも重要な役割である」（「社外取締役ガイドライン」《心得1》）と示されています。

　したがって，経営陣幹部による適切なリスクテイクを支える環境整備とは，意思決定過程の合理性を担保することに寄与する環境を整備すること，例えば，取締役会から経営陣に対する委任の範囲を再確認することや，取締役の報酬の方針の見直しなどを通じて，取締役会における業務執行機能と監督機能をバランスよく配置し，業務執行を担当する経営陣幹部が健全な企業家精神を発揮できるような環境が意図されているものと考えられます。

4 持続的な成長に向けた健全なインセンティブとなる経営陣の報酬の決め方【補充原則4-2①】

　中長期的な企業価値の向上のために企業家精神を発揮して経営陣がリスクテイクすることに対して十分なインセンティブを与えられるような報酬設計を行うことが求められています。

　「東証上場会社のうち，何らかのインセンティブ付与に関する施策を実施している会社は76.5%を占める。インセンティブ付与に関する施策の内訳を見ると，ストックオプション制度を実施している会社が東証上場会社の31.7%，業績連動報酬制度を実施している会社が39.1%，その他の施策を実施している会社が26.9%であった。」（「東証上場会社ガバナンス白書2021」（図表72））と示されています。

　インセンティブ付与に関する施策の実施を行う企業は増加しているものの，日本企業の経営者のインセンティブ構造は，欧米企業等と比べて全般的に報酬水準が低く，また，業績連動部分が少なく，固定的な基本報酬の割合が高い傾向があります（【図表4-6】参照）。

　業績にかかわりなく固定的に報酬を受け取ることは，経営者が収益性や資本効率の向上のために変革を進めるよりも安定的な経営を優先させる原因になっている可能性があると考えられます。投資家側は，一般的に株主の利害との同期を図るため，業績連動部分の割合を大きくすることを評価する傾向が見られます。

【図表4-5】インセンティブ付与に関する施策の実施状況

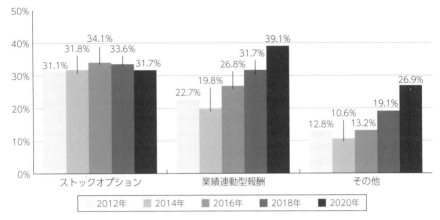

出所：東京証券取引所「東証上場会社コーポレート・ガバナンス白書2021　図表72」（2021年3月）。

　株主や資本市場の評価軸を意識した報酬の決め方が求められてきていることを踏まえた上で，経営者が会社の持続的な成長と中長期的な企業価値の向上のために経営手腕を発揮する動機となるように，業績連動報酬，株式報酬（長期インセンティブ），固定的な基本報酬等の自社にとっての最適な割合を検討することが必要です。

5 経営陣・取締役に対して実効性の高い監督を行っていることの説明【原則4-3】

　取締役会が経営陣・取締役に対して「実効性の高い監督」を行うということは，報酬決定権限と選任・解任権限を適切に行使することを意味します。また，実効性の高い監督を実施するためには，リスク管理体制や内部統制システムを適切に整備することおよび会社の業績等の適切な評価のために財務情報を含めた情報の信頼性を確保することは不可欠の前提となります。

　取締役会が実効性の高い監督を行っていることを説明する際のポイントは，「独立した客観的な立場から」という点と，「公正かつ透明性の高い手続に従い」というところにあります。日本の監査役会設置会社の多くは，取締役会は業務執行（マネジメント）型と監督（モニタリング）型のハイブリッドであると言われており，また，監督機能のうち，守りの機能（監査）は主に監査役および監査役

【図表4-6】 日米欧CEO報酬水準と報酬構成比（2020年調査結果）

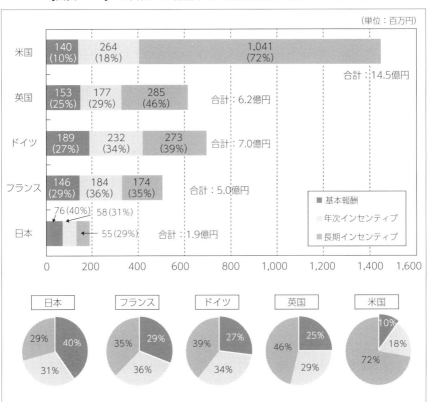

米　　国：Fortune 500のうち売上高等1兆円以上の企業257社の中央値
英　　国：FTSE 100のうち売上高等1兆円以上の企業46社の中央値
ド イ ツ：DAX構成銘柄のうち売上高等1兆円以上の企業23社の中央値
フランス：CAC 40のうち売上高等1兆円以上の企業33社の中央値
日　　本：総額は時価総額上位100社かつ売上高等1兆円以上の企業72社のうち，分析時点での
　　　　　有報未提出企業2社を除く70社における連結報酬等の中央値
　　　　　内訳（割合）は連結報酬等開示企業（異常値を除く）57社の平均値を使用して算出。
　　　　　長期インセンティブには退職慰労金単年度を含む
　※各国のデータサンプルにつき，在籍期間等により年額が得られないデータサンプルは異常値と
　　して集計上除外
　※円換算レートは2019年平均TTM（1ドル＝109.05円，1ポンド＝139.26円，1ユーロ＝
　　122.07円）

出所：タワーズワトソン「2020年7月29日プレスリリース」（https://www.willistowerswatson.com/ja-
　　　JP/News/2020/07/report-fy2019-japan-us-europe-ceo-compensation-comparison）。

会が担当し，攻めの機能は取締役会で担当するという形になっていると考えられます。業務執行に重心を置く取締役会の場合には，業務執行者が監督者でもあるという相反を内在する仕組みになるため，業務の執行と一定の距離を置く取締役（非業務執行取締役）や独立社外取締役や独立社外監査役の役割が重要になります。

6 ｜ 監査役・監査役会が社外取締役と連携することが必要な理由
【原則4-4】【補充原則4-4①】

　補充原則4-4①は，社外取締役に由来する強固な独立性と常勤監査役が保有する高度な情報収集力とを有機的に組み合わせることで監査役会の実効性を高めることを求めています。

　常勤監査役は一般に，情報収集のためのルートや時間を豊富に確保できる立場にあり，会社の内部事情や事業の内容に精通していると考えられます。社外取締役は会社組織からは一歩引いた客観的な立場から外部の知見を提供する点で取締役会等への貢献が期待されますが，非業務執行役員という立場から経営判断に必要な社内外の情報を十分得るという点にチャレンジがあるかもしれません。このような両者の立場と特徴に鑑みて，監査役または監査役会と社外取締役が連携し，社外取締役に必要な情報を共有することで，両者の機能と役割を相互に高めることが期待されているものと考えられます。

　社外取締役ガイドラインにおいても，「取締役会等の場において，監査役等からそれ以外の社外取締役に対し，直近のリスク情報や，内部通報に関する分析等，監査役等が有する様々なリスク情報を報告し，共有するような仕組みを作ることも有意義である。」[9]と提言されています。監査役等と社外取締役が連携することにより，社外取締役は情報収集力の強化を図ることが可能となり，「執行側に新たな気づきを与えるような建設的な質問や異なる視点や考慮事項の提示を行うことや，会社の大きな方向性（中長期的な経営戦略）に立ち戻っての議論を促すこと」[10]を通じて，取締役会の実効性を高めるための働きかけることが求められています。なお，情報の入手と支援体制の構築の際には，監査役または監査役会のみならず，内部監査部門や外部会計監査人との十分な連携についても留意する必要があります。

7 ┃ 独立社外取締役に期待される役割・責務　【原則4-7】

　独立社外取締役に期待される役割は，原則4-7において「(i)助言，(ii)経営の監督，(iii)会社と経営陣・支配株主等との間の利益相反を監督，(iv)ステークホルダーの意見を取締役会に適切に反映」の4つが挙げられています。

(a)　助　　言

　東京証券取引所1部・2部上場企業の社外取締役を対象に経済産業省が2019年11月から2020年1月にかけて実施したアンケート調査結果によれば，社外取締役に対して「経営に関する助言」を期待している企業が過半数に上っており，社外取締役においてもそうした企業側の期待を認識していることが分かります[11]。社内では得られない経験，例えば自らの企業経営を通じて得た見識等に基づいて助言することが期待されていますので，ビジネスに携わっていた経営者や金融機関関係者，弁護士・会計士など企業経営に関する専門知識を持つ人材から会社にとって良きアドバイザーとなり得る人材を選定することが有効です。

(b)　経営の監督

　独立社外取締役に期待される役割として最も重要な役割は，経営の監督であると考えられます。社外取締役ガイドラインの心得1においても，社外取締役は，経営陣の指名や報酬決定に関する監督権限を通じた経営陣の監督機能を果たすべきとされています（「巻末付録2　4．社外取締役の在り方に関する実務指針（社外取締役ガイドライン）」参照）。「独立社外取締役は，企業が経営環境の変化を見通し，経営戦略に反映させる上で，より重要な役割を果たすことが求められる。特に当該企業に限られない幅広い経営経験を備えた人材を取締役会に迎え，そのスキルを取締役会の議論に反映させることは，取締役会機能の実効性向上に大きく貢献すると期待される。」（「スチュワードシップ・コード及びコーポレートガバナンス・コードのフォローアップ会議」意見書(5)）とあり，社外取締役には，会社の持続的な成長と中長期的な企業価値の向上を図る観点から経営を監督することが期待されています（「第3章第2節　取締役会の機能発揮」参照）。

(c)　会社と経営陣・支配株主等との間の利益相反を監督

　独立社外取締役は，業務執行を担当する取締役から独立した立場から，経営陣

が社内の論理や利益相反取引で企業価値を毀損させることや，少数株主等を含む株主の利益が無視されることのないよう，会社と経営陣・支配株主等との間の利益相反を監督することが期待されています。日本では，諸外国に比べて支配株主のいる上場会社の割合が高く，支配株主等の保護が不十分であるとの指摘を踏まえ，支配株主を有する上場会社は，独立社外取締役の割合を少なくとも3分の1以上（プライム市場上場会社においては過半数）とすべきことが，2021年コード改訂において織り込まれました（「第3章第5節1．グループガバナンスの在り方」参照）。

(d)　ステークホルダーの意見を取締役会に適切に反映

　社外取締役には，経営陣・支配株主等から独立した立場で，株主の付託を受けて，少数株主をはじめとするステークホルダーの意見を取締役会に適切に反映させることも期待されています。したがって，しがらみのない立場で取締役会において忌憚なく発言できるバランス感覚とコミュニケーション能力を有した人材を選定することが求められます。

　上記の社外取締役に対する期待に対して，他方，社外取締役が期待する役割を果たしていないという企業や，社外取締役の適任者が見当たらないという企業があるといった社外取締役の活用にかかる課題については，CGSガイドラインにおいて，「社外取締役活用の視点」として9つのステップに分けて検討すべきと示されています（「巻末付録2　1．コーポレート・ガバナンス・システムに関する実務指針（CGSガイドライン）」参照）。

8 ┃ 独立社外取締役の人数を十分確保する必要性
【原則4-8】【補充原則4-8③】

　「スチュワードシップ・コード及びコーポレートガバナンス・コードのフォローアップ会議」意見書⑸では，「諸外国のコードや上場規則を見ると，独立社外取締役について，取締役会全体の3分の1以上，ないし過半数の選任を求めている国が大宗となっている。」とあり（「第5章第4節　取締役会の構成について」参照），事業環境の変化に迅速に対応していくために，独立社外取締役の人数を増やして，先述の独立社外取締役に期待される役割・責務が果たされること

で，取締役会による監督機能が発揮されることが求められています。

　そのため，2021年コード改訂において，原則4-8は，プライム市場の上場会社においては，独立社外取締役を3分の1選任するとともに，それぞれの経営環境や事業特性等を勘案して必要と考える場合には，独立社外取締役を過半数選任すべきとされました。さらに，少数株主保護の観点から，補充原則4-8③が新設され，支配株主を有する上場会社は，少なくとも3分の1（プライム市場上場会社においては過半数）の独立社外取締役を選任すべきとされました（「第3章第2節1．取締役会の機能発揮」参照）。2021年コード改訂に向けた有識者会議では，「取締役会メンバーの3分の1が社外取締役ということは，逆に3分の2は社内取締役ということであり，本当に独立性とか客観性を確保して監督できるのかという点で疑問が残り，コードで取締役会そのものが独立性と客観性をもつべきとされていることを具体的に考えると，やはり過半数が独立社外取締役であるということが少なくともプライム市場では必要ではないか」という意見[12]もありました。

　独立社外取締役が会社の持続的な成長と中長期的な企業価値の向上に寄与するために，その存在を活かすような対応をとれるか否かが成功の重要な鍵であり，独立社外取締役が十分な人数や割合であるかについては，各社において今後も検討が進められるべきと思われます。

9 ┃ 独立社外者のみを構成員とする会合の定期的な開催が必要な理由
【原則4-8①】

　この原則は，独立社外者による情報交換・認識共有のための自由闊達な議論の場を確保するという観点から「独立社外者のみを構成員とする会合」を例示として挙げているものです。社外取締役ガイドラインにおいて，「社外役員（社外取締役及び社外監査役）間で忌憚のない活発な議論を行うことで，必要な場合に連携して行動するための土台となる，社外役員間の信頼関係の構築につなげることができる。また，積極的なコミュニケーションを通じて経営戦略等に関する方向性について認識共有（すり合わせ）を図ることで，社外取締役としての発言力を強め，取締役会における議論に独立した立場からの視点を入れることにもつながると考えられる。」（社外取締役ガイドライン[13]）として，取締役会以外の場でのコミュニケーションの重要性が示されています。また当該会合には，独立社外取

締役に加えて，独立社外監査役も加えることも考えられます。さらに，必要に応じて，社内監査役や会計監査人，非業務執行の社内役員，執行役員等を含めるなど，各社にとってより実効性の高い仕組みを構築することが必要です。

　PwCあらた有限責任監査法人が経済産業省の委託により2019年に実施した社外取締役向けアンケート調査において，「取締役会を活性化させるために有効だと考える施策」として最も回答数が多かったのが「取締役会以外のインフォーマルな議論の場を設ける／充実させる（54％）」という結果[14]でした。また，社外取締役向けアンケート調査および企業向けアンケート調査において，「社外役員のみでの議論の場」があると回答した社外取締役は56％，企業は45％であり，今後，「社外役員のみでの議論の場」を望んでいると回答した社外取締役は33％」という結果[15]が示されています。

10 統治機能の充実を図るために活用すべき任意の仕組みとは
【原則4-10】【補充原則4-10①】

　取締役会に期待される説明責任の確保や，実効性の高い監督という役割・責務に関して，特に客観性と透明性が求められる監査・指名・報酬に係る機能を果たすためには，独立した役員の役割が重要であると考えられています。諸外国では，このような機能に関しては，独立した客観的な立場からの監督を求めるために委員会を設置して，構成員の半数を独立非業務執行取締役とするコードを設けています。

　2015年のコードでは，指名委員会・報酬委員会など独立した諮問委員会の設置が推奨されていました。2018年のコード改訂に際して，これらの委員会の設置がコンプライ・オア・エクスプレインの対象となる形になったことを契機に，指名委員会および報酬委員会を設置する企業が増加しました。その結果，最近では上場企業の4割近く（指名委員会：39.6％，報酬委員会：42.5％）がこれらの委員会を設置している状況です。

　社外取締役を中心に構成される指名委員会・報酬委員会の設置は，経営陣の指名・報酬について適切なガバナンスを働かせるための重要な仕組みです。しかしながら，委員会における独立性が十分ではないのではないとの指摘や国際的に比較しても独立性をさらに高めることが重要であるとの指摘[16]がありました。そこで，2021年コード改訂において，補充原則4-10①が改訂され，プライム市場上

場会社は各委員会の構成員の過半数を独立社外取締役とすることを基本とし，その委員会構成の独立性に関する考え方・権限・役割等を開示すべきであることが追加されました（「第3章第2節　取締役会の機能発揮」参照）。公正性と透明性が求められる役員の指名機能や報酬の決定などの検討に当たっては，独立社外取締役を主要な構成員とする独立した指名委員会・報酬委員会を設置することによ

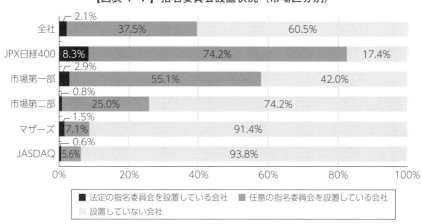

【図表4-7】指名委員会設置状況（市場区分別）

出所：東京証券取引所「東証上場会社コーポレート・ガバナンス白書2021　図表98」（2021年3月）。

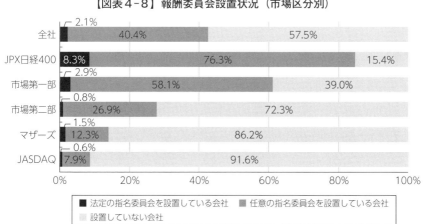

【図表4-8】報酬委員会設置状況（市場区分別）

出所：東京証券取引所「東証上場会社コーポレート・ガバナンス白書2021　図表104」（2021年3月）。

り，ジェンダー等の多様性やスキルの観点を含め，これらの適切な関与・助言を得るべきであり，指名・報酬の方針とともに説明することが必要です。

また，諸外国では，制度で要求されている監査，報酬，指名以外の機能に関しても，例えばリスク委員会や開示委員会，戦略委員会など取締役会に任意で各種の諮問委員会を設置している事例がありますので，わが国においても会社の実情に応じた多様な対応を行うことが考えられます。

11 ┃ 取締役の選任に関する方針・手続の開示方法と程度
【補充原則4-11①】

補充原則4-11①では，取締役会が経営戦略に照らして自らが備えるべきスキル等を特定し，取締役会の構成員に求められる知識・経験・能力，そのバランスおよび多様性ならびに適正な規模（取締役数）に関する会社の考え方をあらかじめ定めた上で，スキルマトリックスなどを活用して，これを株主等のステークホルダーに向けて開示することを求めています。さらに，そこで示された取締役会の構成に向けて，どのような取締役の選任方針とプロセスを会社が採用しているかについてもあわせて開示することが求められています。

2021年コード改訂では，取締役会の機能発揮にむけた議論の中で公表された意見書(5)において，「企業が，コロナ後の経済社会・産業構造の不連続な変化を先導し，新たな成長を実現するには，異なる経験・技能・属性を反映した多様な視点や価値観の存在が不可欠である。このため，独立社外取締役をはじめ，取締役の知識・経験・能力の適切な組み合わせ等を通じた取締役会の機能発揮や，取締役・経営陣やその候補等の多様性の確保とそれに資する人材育成・社内環境の整備が極めて重要である。」[17]と示されています（「第3章第2節　取締役会の機能発揮」参照）。

開示の程度および内容は，情報利用者にとって有用な開示となるように各社で工夫することが肝要ですが，各会社の目指すところ（経営理念等）に従って，会社が採用している方針・手続について説明することになります。開示の方法については，同様のコーポレートガバナンス・コードを長年運用している英国等の上場会社の開示例を参考にすることも有用な方法の1つです。2021年コード改訂にむけたフォローアップ会議において，「海外の例では，スキル・アンド・エクスペリエンスを一人一人，丁寧に説明して，その会社がなぜ，そのスキル・アン

ド・エクスペリエンスを必要としているのかを説明している例が見られ、ただスキルマトリックスを開示すればよいというのではなく開示内容の充実が求められるという意見」もありました。海外の開示例をベストプラクティスの1つとしてとらえ、どこまで開示する必要性があるのか、自社で検討する際の参考にすることが望まれます。

12 取締役・監査役が他の上場会社の役員を兼任する場合の合理的な範囲【補充原則4-11②】

　基本原則4　取締役会等の責務にもあるように、取締役や監査役は、株主に対する重要な役割を担っており、その責務を果たす義務があります。社外取締役や社外監査役の場合、他の上場会社の役員を兼任する場合が想定されますが、あまりにも多くの会社を担当すると、1社当たりの監査・監督時間が限られてしまい、十分な監査・監督が行われないことが懸念されます。したがって、兼任する会社数は合理的な範囲にとどめ、その兼任状況を毎年開示することが求められています。

　合理的な範囲とは具体的に何社を指すのかは、取締役や監査役の判断に委ねられますが、兼任状況は開示が求められる事項でもあるため、複数社兼任する場合は、株主から厳しい目で見られていることを意識しておくことが必要と考えられます。

　東証上場会社コーポレート・ガバナンス白書によれば、全上場会3,792社（2020年12月時点）における、社外取締役・社外監査役の兼任状況は図表118のとおり、1社を兼務している場合が最も多く、11,561人（83.9%）であり、次に、2社を兼任している人が1,655人（12.0%）、3社を兼任している人446人（3.2%）、4社を兼任している人が91人（0.7%）、5社を兼任している人が17人（0.1%）となっていました。社外役員に期待される役割は高まっていますが、社外役員1人当たりの兼任数が多いほど、その役割・責務を適切に果たすための時間・労力が分散することにつながるため、一部の上場会社では、社外役員の兼任数を限定する動きも見られます[18]。

【図表4-9】独立社外取締役・独立社外監査役の兼任状況

兼任数	前回（2019年3月時点）		今回（2020年12月時点）	
	人数	構成比率	人数	構成比率
7社	2人	0.0%	1人	0.0%
6社	2人	0.0%	1人	0.0%
5社	20人	0.1%	17人	0.1%
4社	113人	0.9%	91人	0.7%
3社	418人	3.3%	446人	3.2%
2社	1,841人	14.3%	1,655人	12.0%
1社	10,453人	81.4%	11,561人	83.9%
合計	12,849人	100.0%	13,771人	100.0%

出所：東証上場会社「コーポレート・ガバナンス白書2021　図表118」（2021年3月）。

　なお，英国のコーポレートガバナンス・コードでは，常勤執行役員はFTSE100の社外取締役やその他の重要な職務を1社を超えて兼任することはできないとされています[19]。また，フランスのコーポレートガバナンス・コード（Apef-Medefコード）では，業務執行取締役はグループ外の他の上場会社（外国会社含む）の取締役職を2つを超えて兼務すべきでないとされ，非業務執行取締役はグループ外の他の上場会社（外国会社を含む）の取締役職を4つを超えて兼務すべきでないとされています[20]（本書「第5章第3節【図表5-5】兼務数の各国のコード比較」参照）。

13 ｜ 取締役会の実効性評価への対応方法【補充原則4-11③】

　取締役会の実効性評価は，取締役会の実効性を高めるための手段として主要国のコーポレートガバナンス・コードで共通して示されており，海外の上場企業においてはすでに一般的な慣行となっています。

　取締役会の実効性評価は，定性的な分析を主とする評価であり，企業間で比較しランキングを付けることはなく，評価の結果を公表するのは，会社自身となります。評価の具体的な内容は，この分野で長い実績のある英国においてFRC（英国財務報告協議会）のガイダンスが有用であると考えられます。FRCは，英国のコーポレートガバナンス・コードおよびスチュワードシップ・コードを策定し監督する機関ですが，取締役会の実効性に関する詳細なガイダンス[21]を公表して

います。いくつかの項目を列挙します。

---

(1)　取締役会の構成（スキル，経験，知識，多様性の状況）
(2)　後継者とその育成に関する計画，取締役会におけるメンバー相互の関係性
(3)　個々の提案に関する議論の質と意思決定プロセス
(4)　取締役会に提示される書類とプレゼンテーションの質
(5)　対外的なコミュニケーション

　英国のコーポレートガバナンス・コードでは，FTSE 350における取締役会の実効性評価は，年次評価に加えて，少なくとも３年ごとに外部評価を実施することとされ，外部評価者と会社との関係の開示も求められています。また評価対象として，取締役会，その委員会，議長および個々の取締役が明記されています[19]。フランスのコーポレートガバナンス・コード（Apef-Medefコード）では，取締役会の実効性評価は，１年に一度は運営方法を自己評価し，少なくとも３年に一度は正式な外部評価を行うこととされています。また，評価対象として，取締役会に加えて個々の取締役とすべきとされています[20]（本書「第５章第５節　取締役会の実効性評価」参照）。

　日本の企業にとって取締役会の実効性評価は比較的新しい実務ですが，海外においてはすでに多くの経験やノウハウが蓄積されているため，これらを参考にすることは有用と思われます。日本のコードでは外部評価について特段記載がありませんが，外部評価についても今後は必要性を検討することが望まれます。

　取締役の機能発揮をより実効的なものにするという観点から，CEOをはじめとした経営陣による業務執行が会社の持続的な成長と中長期的な企業価値の向上の観点から適切に行われているかを評価するために，指名・報酬委員会が取締役の指名および報酬決定に関与することが求められています（本書「第３章第２節　取締役会の機能発揮」参照）。さらに取締役会の機能強化には，「取締役会の実効性評価の充実」も欠かせないとして，意見書(5)[22]では，「個々の取締役や法定・任意の委員会を含む自己・外部評価の開示の充実等」を検討すべきとされています。2021年コード改訂においては，補充原則４-11③への変更は行われませんでしたが，対話ガイドライン３-７に，「取締役会の実効性評価に際し，各取締役や委員会についての評価が適切に行われているか」が加筆されました（「第３章第２節　取締役会の機能発揮」参照）。

14 取締役会の実効性評価の実務的な担当者【補充原則4-11③】

　取締役会の実効性評価を行うに際して，自己評価は取締役会議長が中心となって実施されることになると考えられます。欧州では，CEOと分離された取締役会議長や筆頭社外取締役によって実施されるケースが多いようです。ただし，日本の場合は，CEOが取締役会議長を兼ねることが多く，本来の趣旨からすると，経営の責任と評価の責任を同一人物が担うのは難しいと考えられます。筆頭社外取締役が取締役会の実効性評価を実施することも考えられますが，日本企業での社外取締役の本格的な活用はこれからになるため，実務的には，総務部や秘書室のような取締役会の運営を担当する部署と取締役会議長もしくはCEOが取締役会の現状と課題について話し合い，評価の目標や手法やプロセスについて決定し，評価項目を含め計画を策定することが考えられます。また，評価項目に関して，質問票や担当部署の部長や筆頭社外取締役と取締役各人との一対一のインタビュー等を通して，その結果についての議論と改善策の提示，結果の開示までの全体のプロセスを推進することが考えられます。

　評価の目的や項目の検討，評価プロセス・計画の立案または評価（インタビューなど）の一部の実施を，外部のコンサルティング会社に委託するなど，第三者を利用することも考えられます。

【図表4-10】取締役会の議長の属性（市場区分別）

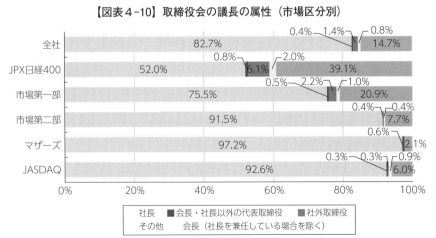

出所：東証上場会社「コーポレート・ガバナンス白書2021　図表69」（2021年3月）。

　なお，CEOと取締役会議長との分離については，諸外国のコーポレートガバナンス・コードでは一般的に求められていますが（「第5章第4節【図表5-7取締役会議長とCEOの役割の分離に関する各国のコード比較】」参照），日本のコードでは分離を求める記載がなく，上場会社において社外取締役が議長を務めている比率は1.4％にとどまっていて[23]，今後の課題の1つと考えられます。

15 ▎取締役会の実効性評価の開示【補充原則4-11③】

　英国のコーポレートガバナンス・コード（2018年7月）においては，どのように取締役会の実効性評価が行われたかについて開示が求められていますが，評価の結果の開示については，具体的な要求事項はありません。日本のコードでは，取締役会の実効性評価のプロセスの開示については特に記載がなく，結果の概要を開示すべきとされていますので，評価のプロセスの開示は任意と考えられます。英国の開示状況は，評価の結果や評価により指摘された課題，それに対する対応方法や翌年度の状況を時系列で記載している企業から，ほとんど開示していない企業もあり，企業間の開示の程度の差がかなり見受けられます。

　英国のCGI（Chartered Governance Institute，旧Institute of Chartered Secretaries and Administrators）により取締役会の実効性評価に関する開示優秀企業の表彰を受けたことがある会社では，そのアニュアルレポート上で，取締役会の有効性評価のプロセスおよび結果の開示，認識した課題と次年度以降の改善計画と合わせて開示しています。アニュアルレポートで開示されている取締役会実効性評価は，内部の取締役会評価の進捗状況として，前年に掲げた課題に対するアクションプランの進捗状況を開示することから始まっています。

　続いて，外部評価のプロセスを4つの段階に分けて詳細に説明しています。まず第1に，外部評価者の選定方法，選定理由を説明しています。3つの外部評価機関を比較した結果選定した外部評価機関は，われわれにより有益な気づきをもたらす視点をもって取締役会の実効性評価を実施できる機関であると判断したことから評価者として選定したと説明しています。第2に，評価範囲と限界について合意した上で，今年度の取締役会の実効性評価における重点領域について取締役会で合意したことが示されています。第3に，具体的な外部評価機関名を出した上で，外部評価機関が，取締役会の観察に加え，取締役会に出席する幅広い関係者へのインタビュー等を通じて，アンケートの内容を開発したことを説明して

います。第4として，評価した結果の共有方法について記載しています。最初の評価結果が議長および秘書に共有され議論がなされた後，最終報告書として取締役会に提出されたことが示されています。

　評価プロセスの詳細な説明に加え，評価の結果の概要として，取締役会の全体の評価の結果，把握された課題とそれに対するアクションプラン，委員会の評価，議長および個々の取締役の評価結果についても詳細に示されています。このような開示は，取締役会の実効性評価の評価プロセスおよび評価結果の概要を詳細に開示しているベストプラクティスとして参考になるかもしれません。

　取締役会の実効性評価は，取締役会の実効性あるパフォーマンスの確保という観点から，その活用が本質的に重要ですが，企業価値を向上させるための手段として，取締役会の実効性はどの機関投資家も重要と考えています。したがって，取締役会の評価のプロセスならびに結果の概要，認識された課題や将来に向けての改善計画について充実した開示を行うことは，ステークホルダーとの建設的な対話の促進につながり，企業の持続的な成長と中長期的な企業価値の向上に寄与することになると考えられます。

16 ┃ 取締役会における審議の活性化の方法【原則4-12】

　原則4-12では，「取締役会は，社外取締役による問題提起を含め自由闊達で建設的な議論・意見交換を尊ぶ気風の醸成に努めるべきである。」とされています。「コーポレート・ガバナンス・システムに関する実務指針（CGSガイドライン）」では，取締役会における審議の活性化について，企業の取り組み例が紹介されています。また，「社外取締役の在り方に関する実務指針（社外取締役ガイドライン）」では，取締役会を活性化させるための運営に関して，社外取締役が参考にできる以下の取り組み事例等が挙げられています。

(a)　発言の機会を増やすための工夫

　取締役の発言を増やすためには，取締役会自体の審議時間を十分にとることに加え，事前説明の充実等により議案説明にかかる時間を削減し，取締役会の進行を効率化すること，取締役の人数を実質的な討議が可能な人数にとどめることが考えられます。また，取締役会で発言しやすくするためには，ラウンドテーブルにする，座席配置を変える（例えば，社内と社外が対面する形から自由席にして

社内と社外が混ざり合うようにする）といった会場設置面での工夫も効果的です。

　社外取締役としては，取締役会における取締役の発言が十分でない場合には，会社側にこのような工夫をするように提案を行うことが考えられます。議事進行面では，社外取締役が率先して発言や質問を行うことで他の取締役も発言しやすい雰囲気を作ったり，取締役会議長（社外取締役）が発言の少ない取締役に発言を促して全てのメンバーを議論に参加させるようにするといった取り組み事例もあります。

(b)　その場で結論を得ることを目的としない議論の時間を設ける

　取締役会における実質的な議論や意見交換を増やし，取締役会を活性化させるための一手法として，その場で結論を得ることを目的としない議論の時間を設けることが有用です。具体的には，取締役会の議題として，「決議事項」と「報告事項」の区分以外に，その中間的な位置づけの議題として，「検討事項」，「討議事項」，「協議事項」，「懇談事項」等と称して，その場で結論を出さないことを前提とした議論の時間を設けるなどの工夫をしている例も見られます。それにより，経営上の重要な課題や中長期的な視点に立ったテーマについて，深く議論することが可能となります。

　特に，中長期的な経営戦略の策定等，一度の取締役会で直ちに結論が出ない事項については，固まる前の中間段階から取締役会等で議論することが望まれます。また，取締役会メンバーでの実質的な議論や意見交換を増やすことを目的に，取締役会以外のインフォーマルな議論の場を別途設けている会社も多く，それらの取り組みも参考になります。

(c)　取締役会で発言や決議を行う際の心掛け

　社外取締役は，取締役会における貴重な発言機会を活かすため，簡潔かつ付加価値の高い発言をするよう心掛けるとともに，自らの発言に責任を持つということを意識することも重要です。社外取締役としては，執行側に新たな気づきを与えるような建設的な質問や異なる視点や考慮事項の提示を行うことや，会社の大きな方向性（中長期的な経営戦略）に立ち戻っての議論を促すことが期待されます。取締役会において決議を行う場合，社外取締役も取締役会の一員として一票を投じることとなりますが，事案の内容によっては，勇気をもって反対票を投じるまたは異議を述べることが重要です。なお，反対票を投じるまたは異議を述べ

たとしても，その旨が議事録に記載されていない限り，その決定事項について賛成したものと推定されることに留意すべきです。

(d) 経営陣に対応を求めた事項について，対応状況をモニタリングする

取締役会で審議を行い，経営陣に一定の対応を求めた事項については，その後の対応状況について報告を求める等，進捗状況や検討状況をモニタリングすることが重要です。また，社外取締役としては，継続してモニタリングを行うための仕組みを構築するよう促すべきです。

17 取締役および監査役による情報入手および支援体制【原則4-13】

原則4-13では，「取締役・監査役は，その役割・責務を実効的に果たすために，能動的に情報を入手すべきであり，必要に応じ，会社に対して追加の情報提供を求めるべきである。また，上場会社は，人員面を含む取締役・監査役の支援体制を整えるべきである。取締役会・監査役会は，各取締役・監査役が求める情報の円滑な提供が確保されているかどうかを確認すべきである。」とされています。

取締役から能動的に情報を入手する方法として，「社外取締役の在り方に関する実務指針（社外取締役ガイドライン）」では，取締役会において建設的な議論を行うための情報共有や事前準備に関して，社外取締役が参考にできる以下の取り組み事例等が挙げられています。

(a) 取締役会に向けて入念な準備を行うため，事前説明や資料の早期提供を求める

取締役会における議論の質を向上させ，建設的な議論を行うため，会社側から取締役会の事前の資料提供を受け，必要に応じて説明を求めることが有効です。また，事前に取締役会の資料を読み込み，入念な準備を行うためには，準備期間が必要不可欠であるため，取締役会の資料の早期提供（例えば，概ね3日前までの提供）を求めることも考えられます。また，取締役会の資料に関して，社内会議の資料をそのまま使っても社外取締役には分かりにくいため，取締役会で行うべき議論のポイントに合わせた簡潔な資料作りを求めているという取り組み事例もあります。

(b)　社内における検討経緯について情報共有を求める

　取締役会における議論の質を向上させ，建設的な議論を行うためには，経営会議等の社内会議における議論内容（特に反対意見の概要や結論に至った理由）など，社内での検討経緯について把握することが重要です。社外取締役としては，それらの内容について取締役会での説明・報告を求める他，経営会議等への出席や，議事録や会議資料の閲覧を求めることが考えられます。

(c)　事実確認等の簡単な質問は事前準備の段階で済ませ，取締役会では議論を中心に行う

　現状，取締役会が社外取締役の質疑応答だけで終わってしまっている会社も少なくないとの指摘があります。限りある取締役会の時間を有効に活用できるよう，事前調べが可能な質問や担当者への確認で足りるような質問は取締役会の事前準備や事前説明の段階で済ませ，取締役会の貴重な時間はできる限り「議論」のために使うように心掛けるべきです。

(d)　監査役等からの情報共有の仕組みを構築する

　現状，日々さまざまなリスク情報に接する監査役等と，それ以外の社外取締役との情報格差は非常に大きいため，取締役会等の場において，監査役等からそれ以外の社外取締役に対し，直近のリスク情報や，内部通報に関する分析など，監査役等が有するさまざまなリスク情報を報告し，共有するような仕組みを作ることも有意義です。

(e)　一定のテーマについて議論する任意の委員会を設ける

　社外取締役が一定数以上存在している会社（例えば，取締役が10名で，そのうち社外取締役が6名以上を占めているような会社）においては，例えば，主要なテーマ（事業ポートフォリオの見直しやESG等のサステナビリティ等）について任意の委員会を設け，各者の専門的知見や経験・バックグラウンドに応じて社外取締役の担当を分けて，各委員会でそれぞれのテーマについて会社の持続的な成長と中長期的な企業価値の向上の観点から集中的に審議することや，取締役会に答申や報告を行うことにより，各テーマの議論を深めつつ，取締役会の限られた時間を有効に活用することが可能になると考えられます。

　また，会社側から取締役に対する情報提供の方法として，「コーポレート・ガ

バナンス・システムに関する実務指針（CGSガイドライン）」では，事前の情報提供や議案の説明について，企業の取り組み例が紹介されています。特に，社外取締役は，社内取締役と比較して，基本的には会社やその事業に関する知識を元々十分に有しているとは言い難いため，社外取締役が取締役会で実効的な議論をするために，社外取締役に対して十分な情報を積極的に提供する工夫が必要です。

18 ┃ 取締役・監査役に対するトレーニング方針の開示　【原則4-14】
【補充原則4-14②】

　取締役会の構成員として期待される役割を果たすための知識や能力の維持・向上を会社としてどのようにサポートしているかについて，投資家を含めたステークホルダーに開示することで，会社のコーポレートガバナンスの充実度を示す機会となります。したがって，そのような効果も勘案して，取締役・監査役に対するトレーニング方針の開示の程度は各社の状況に応じて判断することになります。

　同様のコーポレートガバナンス・コードがある英国の企業の開示例などが参考になると考えられます。例えば，英国のCGI（Chartered Governance Institute）によりガバナンスに関する開示優秀企業の表彰を受けたことがある会社の中には，取締役に対するトレーニングについて，詳細に記載している会社もあります。

　詳細に記載している会社の開示において特筆すべき点としては，新任の取締役に対して，会社のことを理解するのに十分な数ヵ月にわたる包括的トレーニングメニューを提供しているということであり，そのトレーニングメニューは新任の取締役の過去の経験と各個人のスキルを考慮して決定されており，研修は取締役として着任する前に完了するように計画されている点が挙げられます。さらに，取締役会トレーニングを行い，取締役会の構成メンバーが，関連する主要な活動とリスクを確実に理解できるようにするとともに，機能を十分に発揮しうるよう取締役の能力を強化することを目指していることが示されています。

　また，各取締役が必須で実施しなければならない研修モジュールがあり，それは従業員が実施しているものと共通するものであり，会社の行動規範，会社が抱えているリスクとその管理体制など基本的なものが含まれていることから，取締役が会社のことを十分理解するのに役立つものと考えられます。加えて，取締役会全体および委員会での研修が実施されていて，会社の戦略的優先事項や会社を

取り巻く経営環境についての内容が織り込まれていることが示されています。子会社の責任者や各委員会とのセッションを設けてディスカッションする機会を設ける他，必要に応じて外部専門家を利用した研修も，会社が費用を負担する形で実施していると詳細に開示されています。

　取締役・監査役に対するトレーニングについて詳細に開示することで，ステークホルダーが会社のガバナンス体制の充実度を判断する助けになると考えられます。取締役，監査役に対するトレーニングの詳細な開示例は，各社が今後トレーニングの内容の充実を図り，ガバナンス体制をより強化していく際の参考にもなるかもしれません。

第5節　株主との対話

基本原則5

> 　上場会社は，その持続的な成長と中長期的な企業価値の向上に資するため，株主総会の場以外においても，株主との間で建設的な対話を行うべきである。
> 　経営陣幹部・取締役（社外取締役を含む）は，こうした対話を通じて株主の声に耳を傾け，その関心・懸念に正当な関心を払うとともに，自らの経営方針を株主に分かりやすい形で明確に説明しその理解を得る努力を行い，株主を含むステークホルダーの立場に関するバランスのとれた理解と，そうした理解を踏まえた適切な対応に努めるべきである。

　基本原則5では，株主との対話について述べられています。上場会社は，持続的な成長と中長期的な企業価値向上の実現のため，平素から株主と建設的な対話を行い，経営戦略や経営計画などに対する理解を得るとともに懸念があれば適切に対応を講じることが求められています。基本原則5に関連する各原則として以下が設けられています。

> ・株主との建設的な対話に関する方針【原則5-1】
> ・経営戦略や経営計画の策定・公表【原則5-2】

　本節では，「株主との対話」の諸原則に関連する主な論点について，解説を行います。

1 ┃ 株主との建設的な対話に関する方針の開示【原則5−1】

　上場会社は，株主から対話（面談）の希望があったときには合理的な範囲で前向きに対応すべきとされています。2021年のコード改訂において，株主との対話（面談）の対応者について，原則5−1において，経営幹部に加えて，社外取締役を含む取締役と監査役も面談に臨むことを基本とすべきとされました。

　これは，2020年7月31日に策定された「社外取締役ガイドライン」において，「株主からの付託を受けて，会社の持続的な成長と中長期的な企業価値の向上を図る観点から経営を監督することが社外取締役の基本的な役割であることを踏まえれば，資本市場との対話を行うことも社外取締役の重要な役割であり，機関投資家からの期待も大きい。」（「社外取締役ガイドライン」第2章6節　投資家との対話やIR等への関与）と記載されているように，社外取締役に期待する役割を踏まえた改訂であると考えられます（「巻末付録2　4．社外取締役の在り方に関する実務指針（社外取締役ガイドライン）」参照）。

　また監査役も，経営陣から独立した立場で，ガバナンス体制構築状況や経営上の優先課題などについて，株主とコミュニケーションをとることが期待されることから，面談の対応者として監査役が含まれるとした改訂が行われました（本書「第3章第5節7．監査役の株主との面談」を参照）。

　株主との建設的な対話を促進するための体制整備・取り組みに関する方針については，あらかじめ定められた方針・手順に基づく組織的な対応が必要であると考えられます。補充原則5−1②では，株主との建設的な対話を促進するための方針に含めるべきものとして，インサイダー情報の管理に関する方策を挙げています。対話に積極的な株主に対しては積極的な開示によって企業も応対し，対話を促進することも考えられますが，インサイダー情報の管理に関する方策を定めることによって，一部の株主だけが投資意思決定に有利な情報を提供されることがないような仕組みを設けることが求められます。したがって，株主との建設的な対話の基礎となる情報開示は，このような情報管理方策のバランスのもとで活発に行われるべきものと考えられます。

　株主との対話の方法としては，補充原則5−1②(ⅲ)において，「個別面談以外の対話の手段として，投資家説明会やIR活動の充実の取組み」を複合的に検討することが求められています。東証上場会社コーポレート・ガバナンス白書2021によれば，「同原則の実施率は99.2％（2,630社），「説明会」の実施率は60.3％（1,586

社）」とあり，多くの上場会社が投資家説明会やIR活動を，株主との対話の方法
として重要な取り組みと位置づけていることが分かります。

2 経営戦略や経営計画の策定・公表にあたり留意すべきこと
【原則5-2】【補充原則5-2①】

　2018年のコード改訂では，「資本コスト」の概念が明記され，原則5-2におい
て，経営戦略や経営計画の策定・公表に当たっては，自社の資本コストを的確に
把握することが求められるようになり，資本コストの的確な把握，事業ポート
フォリオの見直しや設備投資・研究開発投資・人材投資等を含む経営資源の配分
に言及がなされました。

　さらに，2021年のコード改訂では，補充原則5-2①が新設され，事業戦略等
の策定・公表に当たっては，事業ポートフォリオの基本的な方針やその見直しの
状況について分かりやすく示すことが求められています（本書「第3章第5節4.
事業ポートフォリオ」参照）。

　2015年にコードが導入されて以降，資本コストを意識した経営が日本でも定着
しつつありますが，欧米に比べるとまだ日本の上場企業のROEや収益性は高い
水準とはいえません。日本の上場企業において，事業ポートフォリオマネジメン
トを行う仕組みや基準にかかわる実務の浸透もまだ十分ではありません。

　投資家と企業との建設的な対話と対話をきっかけとした企業経営の質の向上の
ため，経営戦略や経営計画の策定・公表にあたっては，一貫したストーリーを意
識し，具体的かつ分かりやすい説明を行うことが必要とされます。

■注
1　敵対的買収防衛策の1つ。既存株主に時価以下で新株を購入できる権利を付与しておき，
　買収者が一定の議決権割合を取得した場合に，当該株主に対して新株を発行することにより，
　買収者の持株比率や株式の価値を下げる手法。ポイズンピルともいう。
2　Business Round Table "Statement on the Purposes of a Corporation"
　https://opportunity.businessroundtable.org/ourcommitment/
3　世界経済フォーラム（WEF）の年次総会のこと。
4　外務省ウェブサイト。https://www.mofa.go.jp/mofaj/gaiko/kankyo/sogo/kaihatsu.html
5　東京証券取引所「東証上場会社コーポレート・ガバナンス白書2021」（2021年3月）コラム

⑥英文開示の状況について。

6　東京証券取引所「英文開示実施状況調査集計レポート（2020年12月末時点）」（2021年 3 月 5 日）。

7　日本弁護士連合会「社外取締役ガイドライン」（2019年 3 月14日改訂）。

8　日本公認会計士協会　監査基準委員会報告書260「監査役等とのコミュニケーション」。

9　経済産業省「社外取締役の在り方に関する実務指針（社外取締役ガイドライン）」（2020年 7 月31日）2.3.4 監査役等からの情報共有の仕組みを構築する。

10　経済産業省「社外取締役の在り方に関する実務指針（社外取締役ガイドライン）」（2020年 7 月31日）2.2.3 取締役会で発言や決議を行う際の心掛け。

11　経済産業省「社外取締役の在り方に関する実務指針（社外取締役ガイドライン）」（2020年 7 月31日）参考資料 2　社外取締役に関するアンケート調査結果。

12　フォローアップ会議（第21回）議事録（田中メンバー）。

13　経済産業省「社外取締役の在り方に関する実務指針（社外取締役ガイドライン）」（2020年 7 月31日） 5　取締役会以外の場でのコミュニケーション。

14　経済産業省「社外取締役の在り方に関する実務指針（社外取締役ガイドライン）」（2020年 7 月31日）参考資料 2　社外取締役に関するアンケート調査結果　図表38。

15　経済産業省「社外取締役の在り方に関する実務指針（社外取締役ガイドライン）」（2020年 7 月31日）参考資料 2　社外取締役に関するアンケート調査結果　図表19。

16　金融庁「スチュワードシップ・コード及びコーポレートガバナンス・コードのフォローアップ会議」意見書(5)。

17　金融庁「スチュワードシップ・コード及びコーポレートガバナンス・コードのフォローアップ会議」意見書(5)。

18　東京証券取引所「東証上場会社コーポレート・ガバナンス白書2021」（2021年 3 月）〔コラム⑧〕社外役員の兼任数の状況。

19　FRC"THE UK CORPORATE GOVERNANCE CODE"（JULY 2018）

20　l'Afep et le Medef"Code de gouvernement d'entreprise des sociétés cotées"（janvier 2020）

21　FRC"GUIDANCE ON BOARD EFFECTIVENESS"（JULY 2018）

22　金融庁「スチュワードシップ・コード及びコーポレートガバナンス・コードのフォローアップ会議」意見書(5)。

23　東京証券取引所「東証上場会社コーポレート・ガバナンス白書2021」（2021年 3 月）図表69。

第5章

海外のコーポレートガバナンス・コードとの比較

第1節　海外のコーポレートガバナンス・コード

　前章までで2021年のコーポレートガバナンス・コードと投資家と企業の対話ガイドラインの改訂ポイントについて解説してきました。本章ではそれ以外の論点について，わが国のコーポレートガバナンス・コードと以下の諸外国のコーポレートガバナンス・コードとの対比を織り交ぜながら解説します。

【図表5-1】英国，フランス，ドイツのコーポレートガバナンス・コード

	英　国	フランス	ド　イ　ツ
名称	UK Corporate Governance Code[1]	Code de gouvernement d'entreprise des sociétés cotées[2]	Deutscher Corporate Governance Kodex[3]
設定年	1998年	2008年	2002年
改訂年月	2018年7月	2020年1月	2019年12月
改訂頻度	2年ごとに見直し	2年に1回程度	1〜2年に1回
設定主体	財務報告評議会（FRC[※1]）	フランス私企業協会（Afep[※2]）およびフランス企業連盟（Medef[※3]）	ドイツコーポレートガバナンス政府委員会
対象会社	EU規制市場で株式が取引される会社で金融行為監督機構（FCA[※4]）のプレミアム上場規則適用の発行体	EU規制市場で証券の取引が認められる会社	EU規制市場で証券が取引される株式会社等（AktG[※5] 161条(1)による）
構成	●原則 ●各則	●勧告	●原則 ●勧告 ●提案

	英　　国	フランス	ド　イ　ツ
開示	FCAの上場規則によって開示が要求される。	商法典によって開示が要求される。	株 式 法（AktG），商 法（HGB[※6]），Kodexによって開示が要求される。
コード適用状況のモニタリング	FRCがスチュワードシップ・コードの適用状況と合わせて，年次でコーポレートガバナンス・コードの適用に関するモニタリングを実施し，報告書を公表。	フランス金融市場庁（AMF[※7]）が年次で適用状況の実施し報告書を公表（適用・開示が不十分な企業を公表）Afep-Medefのコーポレートガバナンス上級委員会が独自の年次レビューを実施。	規制当局による正式な適用状況のモニタリング結果の報告書は特になし。大学研究機関の調査結果が学術論文として公表。
中小規模上場会社への配慮	FTSE350以下の上場会社については一定の緩和措置がコード上，明示。FTSE350以下とは，ロンドン証券取引所に上場する会社のうち，時価総額上位350位以下の会社	中小規模上場会社向けのMiddlenextコードあり。中小規模上場とは，株式の時価総額が10億ユーロ未満で，ユーロネクスト市場のコンパートメントB（中規模）またはC（小規模）に属する会社	－

※ 1　Financial Reporting Council（略：FRC）
※ 2　Association française des entreprises privées（略：Afep）
※ 3　Mouvement des entreprises de France（略：Medef）
※ 4　Financial Conduct Authority（略：FCA）
※ 5　Aktiengesetz（略：AktG）
※ 6　Handelsgesetzbuch（略：HGB）
※ 7　Authorité des Marchés Financiers（略：AMF）
出所：各国のコーポレートガバナンス・コードを基に筆者が作成。

第2節　どのようなエクスプレインを行うべきか

1　「プリンシプルベース・アプローチ」と「コンプライ・オア・エクスプレイン」

　わが国のコーポレートガバナンス・コードでは，「プリンシプルベース・アプローチ」と「コンプライ・オア・エクスプレイン」が採用されており，2021年改訂コードでもこれらの手法が踏襲されています。

　「プリンシプルベース・アプローチ」，すなわち原則主義では，コードに示された規範の趣旨をどのように実現していくかは，会社を取り巻く環境等によって異

なり得るものであり，各社はそれぞれの状況に応じて工夫をすべきものという考えに基づいています。そのため，コーポレートガバナンスについての規範を示すコードでは，詳細ルールを記載するのではなく，原則や考え方を大づかみに（抽象的に）記載することによって，各社が各々おかれた状況を勘案して実効的なコーポレートガバナンスを実現することを求めています。したがって，コードの諸原則の記載の文言には，その定義についてあえて厳密な解釈等が示されていないものも多くあります。つまりコードは，各社がその趣旨と実践の方法について「自ら考える」ことを求めているといえます。

　コードでは「プリンシプルベース・アプローチ」とあわせて，「コンプライ・オア・エクスプレイン」という手法が採用されていますが，これは文字どおり，コードの諸原則を「実施するか，実施しない場合にはその理由を説明する」というものです。自らの個別事情に照らして実施することが適切でない原則がある場合には，原則を実施せずに「実施しない理由」を十分に説明することが想定されています。

【図表5-2】 コンプライ・オア・エクスプレインの採用の有無等に関する各国比較の表

	日　　本	英　　国	フランス	ド　イ　ツ
コンプライ・オア・エクスプレインの有無	採用	採用	採用	採用
その根拠	コードは東京証券取引所の有価証券上場規程の別添として位置づけられており，同規程436条の3に基づきコードの各原則についてコンプライ・オア・エクスプレインの要求が記載されている。	コードの序文にコンプライ・オア・エクスプレインの採用が記載されている。	コンプライ・オア・エクスプレインの原則はEU指令2013/34で決定され，フランスの商法典L.225-37-4条8項に反映された。 フランスのAFEP MEDEFコードの序文にて上記商法典を参照している（コードはコンプライ・オア・エクスプレインの採用を直接記載していない）。	コードの序文にコンプライ・オア・エクスプレインの採用が記載されている。

出所：各国のコーポレートガバナンス・コードを基に筆者が作成。

【図表5-3】英国，フランス，ドイツ，日本のコードの体系比較

コードの構成―英国（2018年7月）

```
┌────────────────┐
│      原則      │   …どのように適用したか，達成できた
│   Principle    │   アウトカムを説明をする
└────────────────┘
```

1　取締役会のリーダーシップと会社の存在意義　　4　監査，リスク及び内部統制
2　責任分担　　　　　　　　　　　　　　　　　　5　報酬
3　構成，後継者計画及び評価

```
    ┌────────────────┐
    │      各則      │   …コンプライしたか否か，コンプライしない
    │   Provisions   │   場合は個々の状況に適した説明が必要
    └────────────────┘   （＝Comply or Explain）
```

コードの構成―フランス（Afep-Medefコード）（2020年1月）

```
┌────────────────┐
│      勧告      │   …どのように実施したかの詳細な報告をし，実施
│Recommendations │   しなかった場合はその理由を説明する
└────────────────┘   （Comply or Explain）
```

1．取締役会の職務
2．取締役会：合議体
3．ガバナンス組織の形式の多様性
4．取締役会と株主／マーケットとのコミュニケーション
5．取締役会と株主総会
6．取締役会のメンバーシップ：指針
7．ガバナンス組織におけるジェンダーの多様性方針
8．従業員株主および従業員の代表
9．独立取締役
10．取締役会の評価
11．取締役会の会議と委員会の会議
12．取締役による情報へのアクセス
13．取締役の研修
14．取締役の任期
15．取締役会委員会：一般原則
16．監査委員会
17．報酬委員会
18．指名委員会

19．報酬委員会
20．取締役の倫理規則
21．役員報酬
22．従業員が役員になった際の雇用契約の終了
23．執行役員への自社株式保有の要求
24．執行役員との競争避止義務契約
25．執行役員の報酬
26．執行役員の報酬の情報およびストックオプションと
　　パフォーマンスシェアの付与に関する方針
27．勧告の実施
28．コードの改訂

```
╭───────────────────────────╮
│ コードは，28項目の勧告（1.～28.）と │
│ 業務執行取締役報酬の開示様式を示す │
│   付録（Annex）から構成される。   │
╰───────────────────────────╯
```

コードの構成―ドイツ（2019年12月）

```
┌────────────────┐
│      原則      │   ガバナンスの責任に関する法的要件を
│   Principle    │   記載する
└────────────────┘
```

A．マネージメントおよび監督
B．マネージメント・ボードの任命
C．スーパーバイザリー・ボードの構成
D．スーパーバイザリー・ボードの手続き
E．利益相反
F．透明性および外部報告
G．マネジメント・ボードとスーパーバイザリー・ボードの報酬

```
┌────────────────┐
│      勧告      │   …実施するか，実施しない場合はその理由を
│Recommendations │   説明する（＝Comply or Explain）
└────────────────┘   （～shall…）
```

```
┌────────────────┐
│      提案      │   …実施していなくても説明の開示が
│  Suggestions   │   要求されない（＝Comply or No-Explain）
└────────────────┘   （～should…）
```

コードの構成―日本（2021年6月）

…コンプライしたか否か,
コンプライしない場合は
個々の状況に適した説明が必要
（＝Comply or Explain）

出所：各国のコーポレートガバナンス・コードを基に筆者が作成。

　この「プリンシプルベース・アプローチ」および「コンプライ・オア・エクスプレイン」の手法は諸外国のコードにおいてもほとんど共通して採用されていますが, コードの構造と体系によって「コンプライ・オア・エクスプレイン」の手法を部分的に採用しているコードもあります。

2 ┃ どのようなエクスプレインがあり得るのか

　「プリンシプルベース・アプローチ」と「コンプライ・オア・エクスプレイン」の手法が採用されるコードでは, その諸原則の一部が実施されていないことをもって, 実効的なコーポレートガバナンスが実現されていないと評価することは適切ではありませんので, この点については投資家等を含めたステークホルダー側が十分に理解する必要があります。一方で, 企業側には実施しない場合における対応について十分な説明を行うことが期待されています。

　現状, わが国企業のコーポレート・ガバナンスに関する報告書からは諸原則の実施（コンプライ）に固執する傾向が見られます。企業担当者としては, コードが求める全ての規範を実施している旨を, 投資家に示したいと思うでしょうし, 詳細な説明を行うよりも実施したとするほうが労力的にも楽かもしれません。しかしながら, 透明性のある高品質な情報開示という観点からは, 実施していない場合には丁寧な説明を行うことが求められることはもちろん, 実施しているかどうかについて解釈が分かれるような場合においても丁寧な説明を行うほうが, 企

業情報としての質が高いといえます。透明性のある情報開示により理解を得るという姿勢が，ステークホルダーに好感を持って受け入れられると思われます。

　英国FRCが2021年2月に公表した「コンプライ・オア・エクスプレイン報告の質の向上」[4]では，良いエクスプレインについて以下が挙げられています。

- 内容と背景
- 会社の対応についての説得力がある理由
- リスクと軽減のためのアクション
- いつまでにコンプライ（実施）する予定か
- 説明が理解され，受け入れられるものであること

　原則を実施しない場合には，大きく2つのエクスプレインの方向性があると思われます。

　1つは，自社の歴史的背景や環境等から原則に示されている方法ではなく，違った方法が自社により適切であると考えるため実施しない場合です。この場合には，原則を実施しない旨に合わせて，代替的な方法でコードの原則の趣旨が達成されると考えていることとその合理的な理由を説明することになります。

　もう1つは，本来はコードの原則に沿った対応を行うことがベストであると考えているものの，何らかの理由で現在は実施できていない場合です。その場合には，原則を実施していない旨に加えて，その理由といつ頃実施予定であるか，また実施されるまでの期間に代替的な手段がある場合にはその内容を説明することが適切だと考えられます。

第3節　独立社外取締役について

1　独立取締役と社外取締役

　独立取締役，社外取締役という呼称がありますが，厳密に区別されずに使われる局面も実際にはあると思います。独立・非独立とは，社内・社外とは，どのように定義されるのかを解説します。

　社外取締役は，会社法第2条15項で以下のように定義されています。

〔令和元年改正会社法の取締役の社外性要件（改正会社法第2条15項イ～ハ）〕

> イ　会社又は子会社の業務執行取締役，執行役，支配人その他の使用人，または過去10年にわたり会社又は子会社の業務執行取締役等であったもの
>
> ロ　その就任の前10年内のいずれかの時において会社又は子会社の取締役，会計参与，監査役であったことがあるもので，当該取締役，会計参与又は監査役への就任の前10年にわたり業務執行取締役等であったもの
>
> ハ　親会社の取締役，執行役，支配人その他の使用人等
>
> ニ　兄弟会社の業務執行取締役等
>
> ホ　会社の取締役，執行役，支配人その他の重要な使用人等の配偶者または2親等以内の親族

　令和元年会社法改正によって，上場会社には1名以上の社外取締役の選任が義務付けられることになりました。

　一方で，独立取締役についての定義は会社法上にありませんので，取締役の独立性基準は基本的に各社において定められることになります。ただし，東京証券取引所では上場企業に独立取締役の設置義務を課しており，その際の独立取締役の基準を設定していますので，実質的にはこの東京証券取引所の独立性基準が企業が取締役の独立性を考える際のベンチマークになっています。

〔東京証券取引所の上場管理等に関するガイドラインⅢ5．(3)の独立していないと見なされる例〕

> 現在もしくは最近において以下の1か2に該当するもの
> 1　主要な取引先の業務執行者
> 2　役員報酬以外に多額の報酬を得ているコンサルタント，会計専門家または法律専門家
>
> 就任前の過去10年において以下に該当するもの
> 3　親会社，兄弟会社の業務執行者
>
> 4　上記1～3に該当する者や会社又は子会社の業務執行者等の近親者

　また，議決権行使アドバイザーや一部の機関投資家は，それぞれが考える取締役の独立性基準を設定・公表していますが，これらの基準は東京証券取引所の独立性基準よりも一部厳格になっていることが多いです。

議決権行使助言会社であるISSの「日本向け議決権行使助言基準」[5]（2021年2月公表）の例

- 勤務経験：当該会社，大株主，主要な借入先，主幹事証券，主要な取引先，監査法人，会社が政策保有目的で保有すると判断する投資先組織
- 取引関係（現在，過去）：重要なコンサルティング契約，顧問契約
- 親戚が会社に勤務

　一般的に，①会社法で求められる社外取締役の要件，②東京証券取引所の独立性基準，③議決権行使アドバイザー等の独立性基準を比較すると，①→②→③の順番でより厳格なものとなると考えられます。

　コーポレートガバナンス・コード【原則4-9．独立社外役員の独立性判断基準及び資質】で定められるとおり，独立性判断基準については会社が策定・公表すべきです。その際には，金融商品取引所が定める独立性基準に加え上記の要件等も考慮することが望ましいと考えられます。

2 ┃ 各国の独立性の定義

　わが国の取締役の独立性については各社がそれぞれ定義されると上述しましたが，これは諸外国でも概ね同じです。各国のコードでは規範として独立性基準が例示として示されていることが多いですが，これに修正・加筆をして自社の独立性基準を設けることを否定するものではありません。

【図表5-4】取締役の独立性要件に関する各国のコード比較

	日本のコード等 （注）	英国のコード （2018年7月）	フランスのコード （2020年1月）	ドイツのコード （2019年12月）
従業員・役員関係	【コード原則4-9】金融商品取引所が定める独立性基準を踏まえて会社が独立性判断基準を策定・公表 【東京証券取引所「上場管理等に関するガイドライン」】	（過去5年以内）当該会社またはグループ会社の従業員（各則10）	（現在または過去5年間）当該会社の従業員，業務執行取締役もしくは親会社またはそのグループ会社の従業員，取締役（勧告9.5.1.）	（過去2年以内）スーパーバイザリーボードのメンバーがマネージメントボードに任命されていないこと（勧告C.7）

	日本のコード等 （注）	英国のコード （2018年7月）	フランスのコード （2020年1月）	ドイツのコード （2019年12月）
	（現在または最近） 当該会社または当該会社の親会社または兄弟会社の業務執行者(a)			
取引関係等	【コード原則4-9】同上 【東京証券取引所「上場管理等に関するガイドライン」】 （現在または最近） 当該会社を主要な取引先とする者もしくはその業務執行者，当該会社の主要な取引先もしくはその業務執行者(b)	（過去3年以内） 直接ビジネス上の関係がある，または，重要な関係を有する団体のパートナー，株主，取締役または幹部（各則10）	重要な顧客，納入業者，金融機関（勧告9.5.3）	（過去1年以内） （顧客，サプライヤー，貸し手，顧問など）会社と重要な直接ビジネス上の関係が有する人，またはその会社の株主，その会社の主導的地位にある人（勧告C.7）
追加報酬	【コード原則4-9】同上 【東京証券取引所「上場管理等に関するガイドライン」】 （現在または最近） 役員報酬以外に多額の金銭等を得ているコンサルタント，会計専門家または法律専門家(c)	役員報酬以外の追加報酬の受領（過去または現在），ストックオプション等の付与，年金制度への加入（各則10）	（過去5年以内） 外部会計監査人（勧告9.5.5）	なし
親族関係	【コード原則4-9】同上 【東京証券取引所「上場管理等に関するガイドライン」】 （現在または最近） 上述の(a)〜(c)に該当する者の近親者 当該会社またはその子会社の業務執行者の近親者	会社顧問，取締役または幹部職員の近しい親族関係（各則10）	業務執行取締役との間の近親関係（勧告9.5.4.）	マネージメントボードの近しい親族関係（勧告C.7）

	日本のコード等 （注）	英国のコード （2018年7月）	フランスのコード （2020年1月）	ドイツのコード （2019年12月）
相互就任関係	―	取締役の相互就任もしくは他の取締役との重要な連携関係（各則10）	取締役の相互就任関係（勧告9.5.2.）	なし
大株主	【コード原則4-9】同上 ―	重要な株主（各則10）	保有株式数または保有議決権が10％超（勧告9.7.）	マネージメントボードの近しい親族関係（勧告C.7）
継続就任期間	―	9年以上（各則10）	12年以上（勧告9.5.6.）	12年以上（勧告C.7）

注：コーポレートガバナンス・コード【原則4-9．独立社外役員の独立性判断基準及び資質】では，金融商品取引所が定める独立性基準を踏まえて会社が独立性判断基準を策定・公表すべきであるとされている。ここでは，東京証券取引所の「上場管理等に関するガイドライン」から抜粋している。いずれも独立性要件を満たさない場合が示されている。

出所：各国のコーポレートガバナンス・コードを基に筆者が作成。

　上記の表のとおり，各国のコードに例示された独立性基準も東京証券取引所の独立性基準と概ね同じような視点で設定されていますが，異なるところもあります。例えば，取締役の相互就任関係や取締役としての継続就任期間等は東京証券

【図表5-5】兼務数の各国のコード比較

	日本のコード （2021年6月）	英国のコード （2018年7月）	フランスのコード （2020年1月）	ドイツのコード （2019年12月）
取締役会の兼務	特段の記載なし。	（1社まで）常勤執行役員はFTSE 100の非業務執行取締役やその他の重要な職務を1社を超えて兼任することはできない（各則15）。	（2社まで）業務執行役員は，グループ外の（外国会社含む）上場会社において，他に2社を超える取締役を務めるべきではない。上場会社における取締役職を新規に受諾する前に取締役会に意見を求めなければならない。（勧告19.2）	（5社まで）スーパーバイザリーボードのメンバーは非グループ上場会社において5社を超えるスーパーバイザリーボードまたは同等の職務を受け入れてはならない。そこで議長としての任命される場合には2社としてカウントされる。（勧告C.4）

出所：各国のコーポレートガバナンス・コードを基に筆者が作成。

取引所の独立性要件とはなっていませんが，英国・フランス・ドイツでは独立性の要件とされています。

　また，独立性要件とは直接関連しませんが，取締役の兼務数について，英国やフランス，ドイツのコーポレートガバナンス・コードには【図表5-5】のような記載があり，一定数以上の兼務を行うべきではないとされています。

第4節　取締役会の構成について

1　独立取締役比率

　第3章で解説したとおり，わが国の2021年コーポレートガバナンス・コードでは，プライム市場上場会社に3分の1以上，必要と考える場合には過半数の独立社外取締役の選任を求めることが記載されました。海外のコードでは取締役会における独立取締役の割合について以下のように記載されています。

【図表5-6：取締役会，委員会における独立取締役数等の各国のコード比較】

	日本のコード（2021年6月）	英国のコード（2018年7月）	フランスのコード（2020年1月）	ドイツのコード（2019年12月）
取締役会	【コード原則4-8】プライム市場上場会社→独立社外取締役を少なくとも3分の1以上，もしくは自主的な判断により少なくとも過半数選任。プライム市場上場会社以外→独立社外取締役を少なくとも2名以上，もしくは自主的な判断により少なくとも3分の1以上	少なくとも半数（取締役会議長を除く）の取締役会が独立取締役と判断した非業務執行役（各則11）	支配株主のいない株式分散所有型の会社→少なくとも半数の独立取締役 支配株主型の会社→少なくとも3分の1の独立取締役（勧告9.3）	全員（勧告C.6）※ドイツはスーパーバイザリーボードという構造を持つため
	【東証「企業行動規範」の「遵守すべき事項」】独立役員（取締役又は監査役）を1名以上の確保を規定			

	日本のコード (2021年6月)	英国のコード (2018年7月)	フランスのコード (2020年1月)	ドイツのコード (2019年12月)
監査委員会	【会社法（400条1～3項）】 指名委員会等設置会社 社外取締役が委員の過半数（取締役3名以上で組織） 【会社法（331条3項，6項）】 監査等委員会設置会社（監査等委員会） 過半数は社外取締役でいずれも非業務執行者（取締役3名以上で組織）	FTSE 350→少なくとも3名の独立非業務執行取締役 FTSE 350以外→少なくとも2名の独立非業務執行取締役。 取締役会議長は監査委員会のメンバーになってはならない。 （各則24）	少なくとも3分の2の独立取締役。 業務執行取締役は含めてはならない。 （勧告16.1）	委員長は独立しているべき（勧告C.10）。 取締役会議長は委員長を務めるべきではない（勧告D4）。
指名委員会	【会社法（400条1～3項）】 指名委員会等設置会社外取締役が委員の過半数（取締役3名以上で組織）	過半数は独立非業務執行取締役。 取締役会議長は後継者の任命を扱う際に委員長を務めてはならない。 （各則17）	過半数は独立取締役業務執行取締役は含めてはならない（勧告17.1）。	委員長は独立しているべき（勧告C.10）。 スーパーバイザリーボードは株主代表のみで構成される指名委員会を設置する（勧告D.5）。
報酬委員会	【会社法（400条1～3項）】 指名委員会等設置会社外取締役が委員の過半数（取締役3名以上で組織）	FTSE 350→少なくとも3名の独立非業務執行取締役。 FTSE 350以外→少なくとも2名の独立非業務執行取締役。 取締役会議長が就任時に独立取締役であれば委員長以外の委員への就任可。 （各則32）	過半数は独立取締役業務執行取締役は含めてはならない。 委員長は独立取締役であること，委員のうち1名は従業員代表役員を含めることが推奨される。 （勧告18.1）	マネージメントボードの報酬を決めるための報酬委員会委員長は独立しているべき（勧告C.10）。

出所：各国のコーポレートガバナンス・コードを基に筆者が作成。

　上記以外でも先進国のコーポレートガバナンス・コードでは，過半数の独立取締役の選任を求めるものがほとんどです。今回わが国コードは，プライム市場上場会社に求める一段高いガバナンスの要件として，少なくとも3分の1，必要と考える場合には過半数の独立社外取締役選任を求める内容が追加されました。し

かしながら，上記のようにほとんどの先進国のコードでは過半数の独立取締役を求める内容であり，これがグローバルスタンダードであるとすると，わが国の取締役会の独立性についてはもう一段のレベルアップが将来求められるかもしれません。

2 議長の分離

　諸外国のコーポレートガバナンス・コードを比較して見ると取締役会議長をCEOと分離し，かつ独立性を求める内容が一般にみられます。

【図表5-7】取締役会議長とCEOの役割の分離に関する各国のコード比較

	日本のコード (2021年6月)	英国のコード (2018年7月)	フランスのコード (2020年1月)	ドイツのコード (2019年12月)
分離の状況	特段の記載なし。	分離しなければならない。 例外的に，取締役会により兼任が提案された場合，任命前に大株主へ相談し，取締役会は任命時に全ての株主に理由を説明し，会社のウェブサイトにも公開する。(各則9)	フランスの法律では，全ての株式会社は単層構造（取締役会）と二層構造（スーパーバイザリーボードとマネージメントボード）のどちらかを選択することが可能（勧告3.1）。 単層構造の場合： • 議長とCEOを分離するか兼任するかを選択可 • 選択の理由を説明するのは取締役 • 兼任する場合，独立取締役の中から筆頭取締役を任命 • 分離する場合，議長に委任された任務を説明（勧告3.2） 二層構造の場合： • （構造上）分離している。	分離している。 ※ドイツはマネージメントボードとスーパーバイザリーボードという二層構造を持ち事実上分離しているため，コードには分離に関する記載はない。

出所：各国のコーポレートガバナンス・コードを基に筆者が作成。

　わが国の2021年コーポレートガバナンス・コードには取締役会議長の独立性について は改訂に織り込まれませんでしたが，コードと同時に改訂された投資家と企業の対話ガイドライン3-8には「必要に応じて独立社外取締役を取締役会議長に選任することを含め，監督の実効性を確保しているか」という点が加筆されています。取締役会議長の（CEOとの）分離と独立性は，わが国のコーポレートガバナンスがグローバルスタンダードにより近づいていく上で，今後のさらなる変革のためのポイントの1つであると思われます。

3 ┃ 筆頭独立社外取締役

　わが国のコーポレートガバナンス・コードには初版より筆頭独立社外取締役について補充原則4-8②に以下の記述があります。

補充原則4-8②
　独立社外取締役は，例えば，互選により「筆頭独立社外取締役」を決定することなどにより，経営陣との連絡・調整や監査役または監査役会との連携に係る体制整備を図るべきである。

　上記の補充原則では「例えば」とされていることから，筆頭独立社外取締役の選任は任意と考えられますので，明示的にこれを選任していない企業も多いかと思われます。筆頭独立社外取締役の役割としては「経営陣との連絡・調整」，「監査役等との連携」が例示されています。
　これに対して，諸外国のコードでは筆頭独立社外取締役の設置についてどのように要求され，またその役割はどのようなものなのかについて見ていきたいと思います。

①　フランス
　フランスの上場社の機関設計でボードを「単層構造」とするか「二層構造」とするかについて選択が可能ですが，単層構造の取締役会を選択した場合で議長とCEOが兼務されている場合に筆頭取締役（Lead Director）を選任することが推奨されています。

> 議長とCEOを分離する場合，取締役会は取締役会議長の職務を定める
> - 取締役会が取締役会議長とCEOの機能を分離することを決定した場合，法令が与える職務に加えて，必要に応じて同議長に委託する職務を定めなければならない。
>
> 議長とCEOを分離しない場合，筆頭取締役を任命する
> - 取締役会が取締役会議長とCEOの機能を分離しない場合等において，取締役会は独立取締役の中から筆頭取締役を任命することができる。
> - 取締役会はガバナンスや株主に関連する職務を取締役（特に筆頭取締役）に割り当てる場合，これらの職務，ならびに自由に使える手段や特権を社内手続規則に記載しなければならない。

出所：フランスのコーポレートガバナンス・コード2020年1月の勧告3.2，3.3を基に筆者が日本語訳。

　フランスの場合にはCEOが取締役会議長を兼務する場合に取締役会の独立性について補完する役割が期待されているようです。

②　英　国

　英国のコーポレートガバナンス・コードでは筆頭独立取締役（Senior Independent Director：SID）について以下の条項があります。

> 　取締役会は，独立非業務執行取締役から1名を，取締役会議長のサウンディングボードとして他の取締役及び株主の仲介役を務める筆頭独立取締役として任命するべきである。取締役会議長を評価するために少なくとも年に1回，その他必要に応じて，取締役会議長が立ち会わない非業務執行取締役による会合を，筆頭独立取締役が主導して開催するべきである。

出所：英国コーポレートガバナンス・コード2018年各則12を基に筆者が日本語訳。

　そのため，英国の上場企業のほとんどでは筆頭独立取締役が選定されており，その氏名が公表されているようです。
　英国における筆頭独立取締役の役割については英国FRCが発行しているGuidance On Board Effectiveness July 2018に以下が記述されています。

筆頭独立取締役（SID）の役割

- SIDは議長のサウンディングボードの役割
- SIDは議長の目標達成を支援する
- SIDは他の取締役を代表して議長の評価をリードする
- SIDは指名委員会と協力し，議長の後継者選任プロセスについて責任を負う
- SIDが委員会の委員となり，会社のガバナンスに関する知識を向上させるのは良いアイデアと言える
- SIDは，株主が議長・CEO・他の業務執行取締役とのコミュニケーションでは解決できない，またそのようなコミュニケーション自体が適切でない場合に，株主との窓口となる
- SIDは議長・他の取締役・株主等とともに重要な問題を解決するために協力することが期待されている
- 取締役会は，取締役会および企業の安定性を維持するために，SIDが介入すべきタイミングを明確に理解しておく必要がある（そのタイミングの例は以下のとおり）：
  - 議長とCEOとの間に論争がある
  - 株主または非業務執行取締役が，議長・CEOによって対処されていないという懸念を表明している
  - 企業戦略が取締役会によって支持されていない
  - 議長とCEOが特別に緊密な関係にある
  - 取締役会の承認なしに決定が下された
  - 後継者計画が無視されている
  - 上記の問題はSIDの役割を定義する際に考慮される必要がある

　上述のように英国の場合，SIDの役割は，独立取締役の意見集約や監査役等との連携に留まらず，株主との対話の窓口や，議長とCEOとの関係に課題がある場合等に重要な役割を果たすこととされています。

第5節　取締役会の実効性評価

　取締役会の実効性評価は，主要先進国のコーポレートガバナンス・コードでほぼ共通して示されており，取締役会の実効性向上に有効な手段として定着している実務です。わが国のコーポレートガバナンス・コードには以下のように記載されています。

> **補充原則4-11③**
> 「取締役会は，毎年，各取締役の自己評価なども参考にしつつ，取締役会全体の実効性について分析・評価を行い，その結果の概要を開示すべきである。」

　取締役会の実効性評価はわが国に馴染みのない実務であったため，2015年のコーポレートガバナンス・コードで導入された際には，どのような方法で実施するのか，どの程度の開示が求められているかについて，対応に戸惑う企業も多かったと思われます。取締役会の実効性評価に係る補充原則4-11③はコード導入当時最も実施率が低かった原則ですが，その後徐々に実務に対する理解が広がり，現在ではほとんどの上場企業で実施されています。

【図表5−8】補充原則4-11③（取締役会の実効性評価）実施率の推移

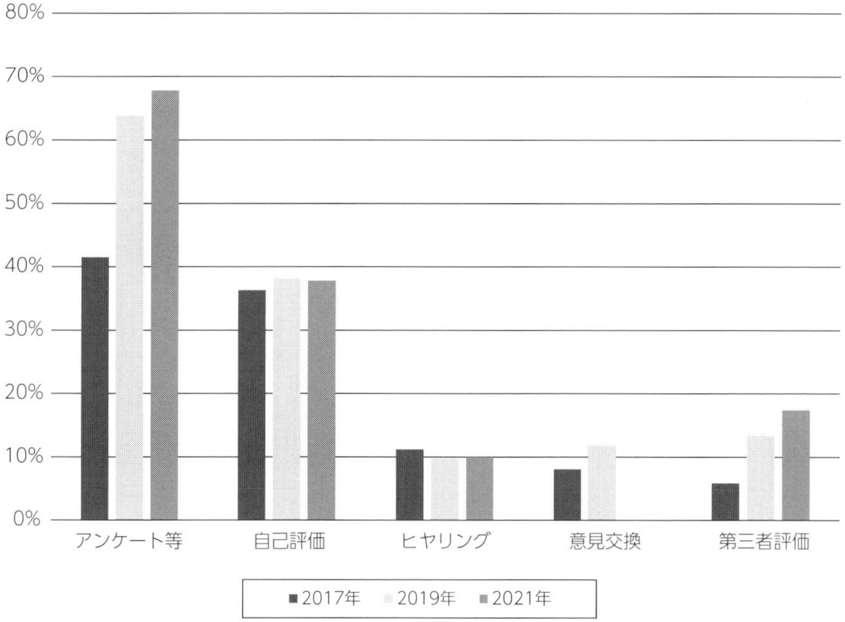

出所：東京証券取引所「東証上場会社コーポレートガバナンス白書　2021，2019，2017」を基に筆者が作成。

　取締役会の実効性評価についてわが国のコーポレートガバナンス・コードと諸外国のコードでの記載を比較すると，例えば英国では取締役会全体の評価に加え

て，取締役会議長，各委員会，各取締役の評価が明示的に求められています。この点，わが国のコードでは明示的には求められてはいません。しかしながら，2021年改訂の投資家と企業の対話ガイドライン3-7では「取締役会の実効性確保の観点から，各取締役や法定・任意の委員会についての評価が適切に行われているか。」が追記されていますので，わが国においても取締役会全体の評価に加えて，各委員会や各取締役の評価を実施し，その結果の概要を開示することが期待されています（本書「第3章第2節　取締役会の機能発揮」，「第4章第4節　取締役会等の責務」参照）。

【図表5-9】取締役会の実効性評価に関する各国コード比較

	日本のコード （2021年6月）	英国のコード （2018年7月）	フランスのコード （2020年1月）	ドイツのコード （2019年12月）
評価対象	・取締役会全体 （補充原則4-11③）	・取締役会 ・その委員会 ・議長 ・個々の取締役 （各則21）	・取締役会 ・個々の取締役 （勧告10.2）	個々のスーパーバイザリーボードのメンバー（勧告C.15）
評価方法	毎年，各取締役の自己評価なども参考にしつつ，取締役会全体の実効性について分析・評価を行い，その結果の概要を開示すべき（補充原則4-11③）	年次の業績評価を実施 FTSE 350は，上記に加えて少なくとも3年ごとに外部評価を実施，外部評価の会社の名前および会社との関係を年次報告書にて開示（各則21）	・1年に1度：運営方法を自己評価 ・3年に1度：正式な外部評価 ・指名委員会もしくは社外取締役がリードして行う ・実施した評価や結果として講じた措置について，年次報告書で開示すべき（勧告10.3）	（実効性評価という形は取らず，株主からの選任という形で反映される） 株主総会への候補者選任提案に候補者の持つ重要な利害関係を開示し，検討するための情報を提供する（勧告C.13）。 選任提案には候補者の関連知識，スキル，専門的経験に関する情報を含んだ履歴書を添付する（勧告C.14）。 スーパーバイザリーボードのメンバーは個々に選任され，次の株主総会まで有効となる（勧告C.15）。

出所：各国のコーポレートガバナンス・コードを基に筆者が作成。

　また，英国やフランスのコードでは，3年ごとに第三者評価を実施することが
求められています。この点についても，わが国のコードには明示的な記載はあり
ませんが，第三者評価あるいは自己評価に際して第三者としての専門機関が関与
するという実務は，今後徐々に広がっていくものと思われます。

■注 ─────────

1　FRC "The UK Corporate Governance Code"（JULY 2018）

2　l'Afep et le Medef "Code de gouvernement d'entreprise des sociétés cotées"（janvier 2020）

3　KODEX "Deutscher Corporate Governance"（Dezember 2019）

4　FRC "Improving the quality of 'comply or explain' reporting"（February 2021）

5　ISS「日本向け議決権行使助言基準」（2021年2月1日施行）

コーポレートガバナンス・コード（2021年）の全原則

基本原則・原則・補充原則	内　　容	2021改訂	参　照
第1章　株主の権利・平等性の確保			
【基本原則1】	上場会社は，株主の権利が実質的に確保されるよう適切な対応を行うとともに，株主がその権利を適切に行使することができる環境の整備を行うべきである。 また，上場会社は，株主の実質的な平等性を確保すべきである。 少数株主や外国人株主については，株主の権利の実質的な確保，権利行使に係る環境や実質的な平等性の確保に課題や懸念が生じやすい面があることから，十分に配慮を行うべきである。		第4章第1節株主の権利・平等性の確保
【原則1-1. 株主の権利の確保】	上場会社は，株主総会における議決権をはじめとする株主の権利が実質的に確保されるよう，適切な対応を行うべきである。		第4章第1節1.「相当数の反対票」とその対応方法
補充原則1-1①	取締役会は，株主総会において可決には至ったものの相当数の反対票が投じられた会社提案議案があったと認めるときは，反対の理由や反対票が多くなった原因の分析を行い，株主との対話その他の対応の要否について検討を行うべきである。		
補充原則1-1②	上場会社は，総会決議事項の一部を取締役会に委任するよう株主総会に提案するに当たっては，自らの取締役会においてコーポレートガバナンスに関する役割・責務を十分に果たし得るような体制が整っているか否かを考慮すべきである。他方で，上場会社において，そうした体制がしっかりと整っていると判断する場合には，上記の提案を行うことが，経営判断の機動性・専門性の確保の観点から望ましい場合があることを考慮に入れるべきである。		

基本原則・原則・補充原則	内　　容	2021改訂	参　照
補充原則 1-1 ③	上場会社は，株主の権利の重要性を踏まえ，その権利行使を事実上妨げることのないよう配慮すべきである。とりわけ，少数株主にも認められている上場会社及びその役員に対する特別な権利（違法行為の差止めや代表訴訟提起に係る権利等）については，その権利行使の確保に課題や懸念が生じやすい面があることから，十分に配慮を行うべきである。		
【原則 1-2. 株主総会における権利行使】	上場会社は，株主総会が株主との建設的な対話の場であることを認識し，株主の視点に立って，株主総会における権利行使に係る適切な環境整備を行うべきである。		第4章第1節 2．株主が適切な判断をするための情報提供
			第4章第1節 3．株主総会開催日に関する留意点
			第4章第1節 4．議決権電子行使プラットフォームの利用や株主総会招集通知の英訳について
			第4章第1節 5．名義株主でない機関投資家等の議決権行使の希望等への対応
補充原則 1-2 ①	上場会社は，株主総会において株主が適切な判断を行うことに資すると考えられる情報については，必要に応じ適確に提供すべきである。		第4章第1節 2．株主が適切な判断をするための情報提供

基本原則・原則・補充原則	内　　容	2021改訂	参　　照
補充原則 1-2 ②	上場会社は，株主が総会議案の十分な検討期間を確保することができるよう，招集通知に記載する情報の正確性を担保しつつその早期発送に努めるべきであり，また，招集通知に記載する情報は，株主総会の招集に係る取締役会決議から招集通知を発送するまでの間に，TDnet や自社のウェブサイトにより電子的に公表すべきである。		
補充原則 1-2 ③	上場会社は，株主との建設的な対話の充実や，そのための正確な情報提供等の観点を考慮し，株主総会開催日をはじめとする株主総会関連の日程の適切な設定を行うべきである。		第4章第1節 3．株主総会開催日に関する留意点
補充原則 1-2 ④	上場会社は，自社の株主における機関投資家や海外投資家の比率等も踏まえ，議決権の電子行使を可能とするための環境作り（議決権電子行使プラットフォームの利用等）や招集通知の英訳を進めるべきである。 特に，プライム市場上場会社は，少なくとも機関投資家向けに議決権電子行使プラットフォームを利用可能とすべきである。	○	第3章第5節 3．株主総会関係 第4章第1節 4．議決権電子行使プラットフォームの利用や株主総会招集通知の英訳について
補充原則 1-2 ⑤	信託銀行等の名義で株式を保有する機関投資家等が，株主総会において，信託銀行等に代わって自ら議決権の行使等を行うことをあらかじめ希望する場合に対応するため，上場会社は，信託銀行等と協議しつつ検討を行うべきである。		第4章第1節 5．名義株主でない機関投資家等の議決権行使の希望等への対応
【原則 1-3．資本政策の基本的な方針】	上場会社は，資本政策の動向が株主の利益に重要な影響を与え得ることを踏まえ，資本政策の基本的な方針について説明を行うべきである。		第4章第1節 6．資本政策の基本的な方針についての説明方法

基本原則・原則・補充原則	内　　容	2021改訂	参　照
【原則1-4．政策保有株式】	上場会社が政策保有株式として上場株式を保有する場合には，政策保有株式の縮減に関する方針・考え方など，政策保有に関する方針を開示すべきである。また，毎年，取締役会で，個別の政策保有株式について，保有目的が適切か，保有に伴う便益やリスクが資本コストに見合っているか等を具体的に精査し，保有の適否を検証するとともに，そうした検証の内容について開示すべきである。上場会社は，政策保有株式に係る議決権の行使について，適切な対応を確保するための具体的な基準を策定・開示し，その基準に沿った対応を行うべきである。		第4章第1節7．政策保有株式に関する方針の説明方法　第3章第5節5．政策保有株式の保有効果の検証と開示
補充原則1-4①	上場会社は，自社の株式を政策保有株式として保有している会社（政策保有株主）からその株式の売却等の意向が示された場合には，取引の縮減を示唆することなどにより，売却等を妨げるべきではない。		
補充原則1-4②	上場会社は，政策保有株主との間で，取引の経済合理性を十分に検証しないまま取引を継続するなど，会社や株主共同の利益を害するような取引を行うべきではない。		
【原則1-5．いわゆる買収防衛策】	買収防衛の効果をもたらすことを企図してとられる方策は，経営陣・取締役会の保身を目的とするものであってはならない。その導入・運用については，取締役会・監査役は，株主に対する受託者責任を全うする観点から，その必要性・合理性をしっかりと検討し，適正な手続を確保するとともに，株主に十分な説明を行うべきである。		第4章第1節8．買収防衛策の株主への説明
補充原則1-5①	上場会社は，自社の株式が公開買付けに付された場合には，取締役会としての考え方（対抗提案があればその内容を含む）を明確に説明すべきであり，また，株主が公開買付けに応じて株式を手放す権利を不当に妨げる措置を講じるべきではない。		

基本原則・原則・補充原則	内　容	2021改訂	参　照
【原則1-6．株主の利益を害する可能性のある資本政策】	支配権の変動や大規模な希釈化をもたらす資本政策（増資，ＭＢＯ等を含む）については，既存株主を不当に害することのないよう，取締役会・監査役は，株主に対する受託者責任を全うする観点から，その必要性・合理性をしっかりと検討し，適正な手続を確保するとともに，株主に十分な説明を行うべきである。		第4章第1節9．支配権の変動や大規模な希釈化をもたらす資本政策とは
【原則1-7．関連当事者間の取引】	上場会社がその役員や主要株主等との取引（関連当事者間の取引）を行う場合には，そうした取引が会社や株主共同の利益を害することのないよう，また，そうした懸念を惹起することのないよう，取締役会は，あらかじめ，取引の重要性やその性質に応じた適切な手続を定めてその枠組みを開示するとともに，その手続を踏まえた監視（取引の承認を含む）を行うべきである。		第4章第1節10．関連当事者間の取引に係る開示内容
第2章　株主以外のステークホルダーとの適切な協働			
【基本原則2】	上場会社は，会社の持続的な成長と中長期的な企業価値の創出は，従業員，顧客，取引先，債権者，地域社会をはじめとする様々なステークホルダーによるリソースの提供や貢献の結果であることを十分に認識し，これらのステークホルダーとの適切な協働に努めるべきである。取締役会・経営陣は，これらのステークホルダーの権利・立場や健全な事業活動倫理を尊重する企業文化・風土の醸成に向けてリーダーシップを発揮すべきである。	○	第3章第4節サステナビリティ（ESG要素を含む中長期的な持続可能性）を巡る課題への取組み
			第4章第2節1．ステークホルダー資本主義，ESG投資，サステナビリティ課題など

基本原則・原則・補充原則	内　　　容	2021改訂	参　照
【原則2-1．中長期的な企業価値向上の基礎となる経営理念の策定】	上場会社は，自らが担う社会的な責任についての考え方を踏まえ，様々なステークホルダーへの価値創造に配慮した経営を行いつつ中長期的な企業価値向上を図るべきであり，こうした活動の基礎となる経営理念を策定すべきである。		第4章第2節1．ステークホルダー資本主義，ESG投資，サステナビリティ課題など
【原則2-2．会社の行動準則の策定・実践】	上場会社は，ステークホルダーとの適切な協働やその利益の尊重，健全な事業活動倫理などについて，会社としての価値観を示しその構成員が従うべき行動準則を定め，実践すべきである。取締役会は，行動準則の策定・改訂の責務を担い，これが国内外の事業活動の第一線にまで広く浸透し，遵守されるようにすべきである。		
補充原則2-2①	取締役会は，行動準則が広く実践されているか否かについて，適宜または定期的にレビューを行うべきである。その際には，実質的に行動準則の趣旨・精神を尊重する企業文化・風土が存在するか否かに重点を置くべきであり，形式的な遵守確認に終始すべきではない。		第4章第2節1．ステークホルダー資本主義，ESG投資，サステナビリティ課題など
【原則2-3．社会・環境問題をはじめとするサステナビリティを巡る課題】	上場会社は，社会・環境問題をはじめとするサステナビリティを巡る課題について，適切な対応を行うべきである。	※（字句修正）	第4章第2節1．ステークホルダー資本主義，ESG投資，サステナビリティ課題など
補充原則2-3①	取締役会は，気候変動などの地球環境問題への配慮，人権の尊重，従業員の健康・労働環境への配慮や公正・適切な処遇，取引先との公正・適正な取引，自然災害等への危機管理など，サステナビリティを巡る課題への対応は，リスクの減少のみならず収益機会にもつながる重要な経営課題であると認識し，中長期的な企業価値の向上の観点から，これらの課題に積極的・能動的に取り組むよう検討を深めるべきである。	○	第3章第4節サステナビリティ（ESG要素を含む中長期的な持続可能性）を巡る課題への取組み

基本原則・原則・補充原則	内　容	2021改訂	参　照
【原則2-4．女性の活躍促進を含む社内の多様性の確保】	上場会社は，社内に異なる経験・技能・属性を反映した多様な視点や価値観が存在することは，会社の持続的な成長を確保する上での強みとなり得る，との認識に立ち，社内における女性の活躍促進を含む多様性の確保を推進すべきである。		第4章第2節2．女性の活躍促進を含む多様性の確保
補充原則2-4①	上場会社は，女性・外国人・中途採用者の管理職への登用等，中核人材の登用等における多様性の確保についての考え方と自主的かつ測定可能な目標を示すとともに，その状況を開示すべきである。 また，中長期的な企業価値の向上に向けた人材戦略の重要性に鑑み，多様性の確保に向けた人材育成方針と社内環境整備方針をその実施状況と併せて開示すべきである。	○	第3章第3節企業の中核人材における多様性（ダイバーシティ）の確保
			第4章第2節2．女性の活躍促進を含む多様性の確保
【原則2-5．内部通報】	上場会社は，その従業員等が，不利益を被る危険を懸念することなく，違法または不適切な行為・情報開示に関する情報や真摯な疑念を伝えることができるよう，また，伝えられた情報や疑念が客観的に検証され適切に活用されるよう，内部通報に係る適切な体制整備を行うべきである。取締役会は，こうした体制整備を実現する責務を負うとともに，その運用状況を監督すべきである。		第4章第2節3．内部通報に関する窓口の設置
補充原則2-5①	上場会社は，内部通報に係る体制整備の一環として，経営陣から独立した窓口の設置（例えば，社外取締役と監査役による合議体を窓口とする等）を行うべきであり，また，情報提供者の秘匿と不利益取扱の禁止に関する規律を整備すべきである。		
【原則2-6．企業年金のアセットオーナーとしての機能発揮】	上場会社は，企業年金の積立金の運用が，従業員の安定的な資産形成に加えて自らの財政状態にも影響を与えることを踏まえ，企業年金が運用（運用機関に対するモニタリングなどのスチュワードシップ活動を含む）の専門性を高めてアセットオーナーとし		第4章第2節4．企業年金のアセットオーナーとしての機能発揮

基本原則・原則・補充原則	内　容	2021改訂	参　照
	て期待される機能を発揮できるよう，運用に当たる適切な資質を持った人材の計画的な登用・配置などの人事面や運営面における取組みを行うとともに，そうした取組みの内容を開示すべきである。その際，上場会社は，企業年金の受益者と会社との間に生じ得る利益相反が適切に管理されるようにすべきである。		第3章第5節6．企業年金の適切な運用
第3章　適切な情報開示と透明性の確保			
【基本原則3】	上場会社は，会社の財政状態・経営成績等の財務情報や，経営戦略・経営課題，リスクやガバナンスに係る情報等の非財務情報について，法令に基づく開示を適切に行うとともに，法令に基づく開示以外の情報提供にも主体的に取り組むべきである。その際，取締役会は，開示・提供される情報が株主との間で建設的な対話を行う上での基盤となることも踏まえ，そうした情報（とりわけ非財務情報）が，正確で利用者にとって分かりやすく，情報として有用性の高いものとなるようにすべきである。		第4章第3節1．非財務情報とは
			第4章第3節2．非財務情報の開示の媒体
【原則3-1．情報開示の充実】	上場会社は，法令に基づく開示を適切に行うことに加え，会社の意思決定の透明性・公正性を確保し，実効的なコーポレートガバナンスを実現するとの観点から，（本コードの各原則において開示を求めている事項のほか，）以下の事項について開示し，主体的な情報発信を行うべきである。 （i）会社の目指すところ（経営理念等）や経営戦略，経営計画 （ii）本コードのそれぞれの原則を踏まえた，コーポレートガバナンスに関する基本的な考え方と基本方針 （iii）取締役会が経営陣幹部・取締役の報酬を決定するに当たっての方針と手続 （iv）取締役会が経営陣幹部の選解任と取締役・監査役候補の指名を行うに当たっての方針と手続 （v）取締役会が上記（iv）を踏まえて経営陣幹部の選解任と取締役・監査役候補の指名を行う際の，個々の選解任・指名についての説明		第4章第3節3．経営陣幹部および取締役の報酬の決定方針と手続
			第4章第3節4．経営陣幹部の選解任と取締役・監査役候補の指名の決定方針と手続

基本原則・原則・補充原則	内　　容	2021改訂	参　照
補充原則 3 - 1 ①	上記の情報の開示（法令に基づく開示を含む）に当たって，取締役会は，ひな型的な記述や具体性を欠く記述を避け，利用者にとって付加価値の高い記載となるようにすべきである。		第 4 章第 3 節 5．利用者にとって付加価値の高い情報開示とは
補充原則 3 - 1 ②	上場会社は，自社の株主における海外投資家等の比率も踏まえ，合理的な範囲において，英語での情報の開示・提供を進めるべきである。 特に，プライム市場上場会社は，開示書類のうち必要とされる情報について，英語での開示・提供を行うべきである。	○	第 3 章第 5 節 3．株主総会関係 第 4 章第 3 節 6．英語で開示を行うべき開示書類の範囲
補充原則 3 - 1 ③	上場会社は，経営戦略の開示に当たって，自社のサステナビリティについての取組みを適切に開示すべきである。また，人的資本や知的財産への投資等についても，自社の経営戦略・経営課題との整合性を意識しつつ分かりやすく具体的に情報を開示・提供すべきである。 特に，プライム市場上場会社は，気候変動に係るリスク及び収益機会が自社の事業活動や収益等に与える影響について，必要なデータの収集と分析を行い，国際的に確立された開示の枠組みであるTCFDまたはそれと同等の枠組みに基づく開示の質と量の充実を進めるべきである。	○	第 3 章第 4 節 サステナビリティ（ＥＳＧ要素を含む中長期的な持続可能性）を巡る課題への取組み 第 4 章第 3 節 7．サステナビリティへの取組み等
【原則 3 - 2．外部会計監査人】	外部会計監査人及び上場会社は，外部会計監査人が株主・投資家に対して責務を負っていることを認識し，適正な監査の確保に向けて適切な対応を行うべきである。		第 4 章第 3 節 8．監査役会による外部会計監査人の評価基準の策定 第 4 章第 3 節 9．外部会計監査人の独立性と専門性

172

基本原則・原則・補充原則	内　　容	2021改訂	参　照
補充原則 3-2 ①	監査役会は，少なくとも下記の対応を行うべきである。 （ⅰ）外部会計監査人候補を適切に選定し外部会計監査人を適切に評価するための基準の策定 （ⅱ）外部会計監査人に求められる独立性と専門性を有しているか否かについての確認		
補充原則 3-2 ②	取締役会及び監査役会は，少なくとも下記の対応を行うべきである。 （ⅰ）高品質な監査を可能とする十分な監査時間の確保 （ⅱ）外部会計監査人からCEO・CFO等の経営陣幹部へのアクセス（面談等）の確保 （ⅲ）外部会計監査人と監査役（監査役会への出席を含む），内部監査部門や社外取締役との十分な連携の確保 （ⅳ）外部会計監査人が不正を発見し適切な対応を求めた場合や，不備・問題点を指摘した場合の会社側の対応体制の確立		第4章第3節 10．外部会計監査人，監査役，内部監査部門との連携で必要となる対応 第4章第3節 11．社外取締役と外部会計監査人によるコミュニケーションの必要性

第4章　取締役会の責務

【基本原則4】	上場会社の取締役会は，株主に対する受託者責任・説明責任を踏まえ，会社の持続的成長と中長期的な企業価値の向上を促し，収益力・資本効率等の改善を図るべく， (1) 企業戦略等の大きな方向性を示すこと (2) 経営陣幹部による適切なリスクテイクを支える環境整備を行うこと (3) 独立した客観的な立場から，経営陣（執行役及びいわゆる執行役員を含む）・取締役に対する実効性の高い監督を行うこと をはじめとする役割・責務を適切に果たすべきである。 こうした役割・責務は，監査役会設置会社（その役割・責務の一部は監査役及び監査役会が担うことと	○	第3章第5節 1．グループガバナンスの在り方 第4章第4節 1．監査役会設置会社，指名委員会等設置会社，監査等委員会設置会社の概要

基本原則・原則・補充原則	内　　　容	2021改訂	参　照
	なる），指名委員会等設置会社，監査等委員会設置会社など，いずれの機関設計を採用する場合にも，等しく適切に果たされるべきである。		
【原則4-1．取締役会の役割・責務(1)】	取締役会は，会社の目指すところ（経営理念等）を確立し，戦略的な方向付けを行うことを主要な役割・責務の一つと捉え，具体的な経営戦略や経営計画等について建設的な議論を行うべきであり，重要な業務執行の決定を行う場合には，上記の戦略的な方向付けを踏まえるべきである。		第4章第4節2．取締役会が経営陣に対する委任の範囲を定める際の留意点
補充原則4-1①	取締役会は，取締役会自身として何を判断・決定し，何を経営陣に委ねるのかに関連して，経営陣に対する委任の範囲を明確に定め，その概要を開示すべきである。		
補充原則4-1②	取締役会・経営陣幹部は，中期経営計画も株主に対するコミットメントの一つであるとの認識に立ち，その実現に向けて最善の努力を行うべきである。仮に，中期経営計画が目標未達に終わった場合には，その原因や自社が行った対応の内容を十分に分析し，株主に説明を行うとともに，その分析を次期以降の計画に反映させるべきである。		
補充原則4-1③	取締役会は，会社の目指すところ（経営理念等）や具体的な経営戦略を踏まえ，最高経営責任者（CEO）等の後継者計画（プランニング）の策定・運用に主体的に関与するとともに，後継者候補の育成が十分な時間と資源をかけて計画的に行われていくよう，適切に監督を行うべきである。		第4章第3節4．経営陣幹部の選解任と取締役・監査役候補の指名の決定方針と手続
【原則4-2．取締役会の役割・責務(2)】	取締役会は，経営陣幹部による適切なリスクテイクを支える環境整備を行うことを主要な役割・責務の一つと捉え，経営陣からの健全な企業家精神に基づく提案を歓迎しつつ，説明責任の確保に向けて，そうした提案について独立した客観的な立場において多角的かつ十分な検討を行うとともに，承認した提案が実行される際には，経営陣幹部の迅速・果断な意思決定を支援すべきである。		第4章第4節3．経営陣幹部による適切なリスクテイクを支える環境整備

基本原則・原則・補充原則	内　　　容	2021改訂	参　照
	また，経営陣の報酬については，中長期的な会社の業績や潜在的リスクを反映させ，健全な企業家精神の発揮に資するようなインセンティブ付けを行うべきである。		
補充原則4-2①	取締役会は，経営陣の報酬が持続的な成長に向けた健全なインセンティブとして機能するよう，客観性・透明性ある手続に従い，報酬制度を設計し，具体的な報酬額を決定すべきである。その際，中長期的な業績と連動する報酬の割合や，現金報酬と自社株報酬との割合を適切に設定すべきである。		第4章第4節4．持続的な成長に向けた健全なインセンティブとなる経営陣の報酬の決め方
補充原則4-2②	取締役会は，中長期的な企業価値の向上の観点から，自社のサステナビリティを巡る取組みについて基本的な方針を策定すべきである。 また，人的資本・知的財産への投資等の重要性に鑑み，これらをはじめとする経営資源の配分や，事業ポートフォリオに関する戦略の実行が，企業の持続的な成長に資するよう，実効的に監督を行うべきである。	○	第3章第4節サステナビリティ（ESG要素を含む中長期的な持続可能性）を巡る課題への取組み
			第3章第5節4．事業ポートフォリオの検討
【原則4-3．取締役会の役割・責務(3)】	取締役会は，独立した客観的な立場から，経営陣・取締役に対する実効性の高い監督を行うことを主要な役割・責務の一つと捉え，適切に会社の業績等の評価を行い，その評価を経営陣幹部の人事に適切に反映すべきである。 また，取締役会は，適時かつ正確な情報開示が行われるよう監督を行うとともに，内部統制やリスク管理体制を適切に整備すべきである。 更に，取締役会は，経営陣・支配株主等の関連当事者と会社との間に生じ得る利益相反を適切に管理すべきである。		第4章第4節5．経営陣・取締役に対して実効性の高い監督を行っていることの説明

基本原則・原則・補充原則	内　容	2021改訂	参　照
補充原則 4-3①	取締役会は，経営陣幹部の選任や解任について，会社の業績等の評価を踏まえ，公正かつ透明性の高い手続に従い，適切に実行すべきである。		第4章第3節4．経営陣幹部の選解任と取締役・監査役候補の指名の決定方針と手続
補充原則 4-3②	取締役会は，CEOの選解任は，会社における最も重要な戦略的意思決定であることを踏まえ，客観性・適時性・透明性ある手続に従い，十分な時間と資源をかけて，資質を備えたCEOを選任すべきである。		
補充原則 4-3③	取締役会は，会社の業績等の適切な評価を踏まえ，CEOがその機能を十分発揮していないと認められる場合に，CEOを解任するための客観性・適時性・透明性ある手続を確立すべきである。		
補充原則 4-3④	内部統制や先を見越した全社的リスク管理体制の整備は，適切なコンプライアンスの確保とリスクテイクの裏付けとなり得るものであり，取締役会はグループ全体を含めたこれらの体制を適切に構築し，内部監査部門を活用しつつ，その運用状況を監督すべきである。	○	第3章第5節2．(1)取締役会によるグループ全体の内部統制・全社的リスク管理体制の構築・監督
【原則 4-4．監査役及び監査役会の役割・責務】	監査役及び監査役会は，取締役の職務の執行の監査，監査役・外部会計監査人の選解任や監査報酬に係る権限の行使などの役割・責務を果たすに当たって，株主に対する受託者責任を踏まえ，独立した客観的な立場において適切な判断を行うべきである。 また，監査役及び監査役会に期待される重要な役割・責務には，業務監査・会計監査をはじめとするいわば「守りの機能」があるが，こうした機能を含め，その役割・責務を十分に果たすためには，自らの守備範囲を過度に狭く捉えることは適切でなく，能動的・積極的に権限を行使し，取締役会においてあるいは経営陣に対して適切に意見を述べるべきである。	○	第3章第5節2．(2)監査役の選解任について，監査役および監査役会による適切な判断 第4章第4節6．監査役・監査役会が社外取締役と連携することが必要な理由

基本原則・原則・補充原則	内　　容	2021改訂	参　照
補充原則 4 - 4 ①	監査役会は，会社法により，その半数以上を社外監査役とすること及び常勤の監査役を置くことの双方が求められていることを踏まえ，その役割・責務を十分に果たすとの観点から，前者に由来する強固な独立性と，後者が保有する高度な情報収集力とを有機的に組み合わせて実効性を高めるべきである。また，監査役または監査役会は，社外取締役が，その独立性に影響を受けることなく情報収集力の強化を図ることができるよう，社外取締役との連携を確保すべきである。		第 4 章第 4 節 6．監査役・監査役会が社外取締役と連携することが必要な理由
【原則 4 - 5．取締役・監査役等の受託者責任】	上場会社の取締役・監査役及び経営陣は，それぞれの株主に対する受託者責任を認識し，ステークホルダーとの適切な協働を確保しつつ，会社や株主共同の利益のために行動すべきである。		
【原則 4 - 6．経営の監督と執行】	上場会社は，取締役会による独立かつ客観的な経営の監督の実効性を確保すべく，業務の執行には携わらない，業務の執行と一定の距離を置く取締役の活用について検討すべきである。		
【原則 4 - 7．独立社外取締役の役割・責務】	上場会社は，独立社外取締役には，特に以下の役割・責務を果たすことが期待されることに留意しつつ，その有効な活用を図るべきである。 （ⅰ）経営の方針や経営改善について，自らの知見に基づき，会社の持続的な成長を促し中長期的な企業価値の向上を図る，との観点からの助言を行うこと （ⅱ）経営陣幹部の選解任その他の取締役会の重要な意思決定を通じ，経営の監督を行うこと （ⅲ）会社と経営陣・支配株主等との間の利益相反を監督すること （ⅳ）経営陣・支配株主から独立した立場で，少数株主をはじめとするステークホルダーの意見を取締役会に適切に反映させること		第 4 章第 4 節 7．独立社外取締役に期待される役割・責務

基本原則・原則・補充原則	内　　容	2021改訂	参　照
【原則4-8．独立社外取締役の有効な活用】	独立社外取締役は会社の持続的な成長と中長期的な企業価値の向上に寄与するように役割・責務を果たすべきであり，プライム市場上場会社はそのような資質を十分に備えた独立社外取締役を少なくとも3分の1（その他の市場の上場会社においては2名）以上選任すべきである。また，上記にかかわらず，業種・規模・事業特性・機関設計・会社をとりまく環境等を総合的に勘案して，過半数の独立社外取締役を選任することが必要と考えるプライム市場上場会社（その他の市場の上場会社においては少なくとも3分の1以上の独立社外取締役を選任することが必要と考える上場会社）は，十分な人数の独立社外取締役を選任すべきである。	○	第3章第2節(1)プライム市場上場会社において独立社外取締役を3分の1以上選任すべき 第4章第4節8．独立社外取締役の人数を十分確保する必要性 第5章第4節取締役会の構成について
補充原則4-8①	独立社外取締役は，取締役会における議論に積極的に貢献するとの観点から，例えば，独立社外者のみを構成員とする会合を定期的に開催するなど，独立した客観的な立場に基づく情報交換・認識共有を図るべきである。		第4章第4節9．独立社外者のみを構成員とする会合の定期的な開催が必要な理由
補充原則4-8②	独立社外取締役は，例えば，互選により「筆頭独立社外取締役」を決定することなどにより，経営陣との連絡・調整や監査役または監査役会との連携に係る体制整備を図るべきである。		第5章第4節3．筆頭独立社外取締役
補充原則4-8③	支配株主を有する上場会社は，取締役会において支配株主からの独立性を有する独立社外取締役を少なくとも3分の1以上（プライム市場上場会社においては過半数）選任するか，または支配株主と少数株主との利益が相反する重要な取引・行為について審議・検討を行う，独立社外取締役を含む独立性を有する者で構成された特別委員会を設置すべきである。	○	第3章第5節1．グループガバナンスの在り方 第4章第4節8．独立社外取締役の人数を十分確保する必要性

178

基本原則・原則・補充原則	内　　容	2021改訂	参　照
【原則4‒9. 独立社外取締役の独立性判断基準及び資質】	取締役会は，金融商品取引所が定める独立性基準を踏まえ，独立社外取締役となる者の独立性をその実質面において担保することに主眼を置いた独立性判断基準を策定・開示すべきである。また，取締役会は，取締役会における率直・活発で建設的な検討への貢献が期待できる人物を独立社外取締役の候補者として選定するよう努めるべきである。		第5章第3節独立社外取締役について
【原則4‒10. 任意の仕組みの活用】	上場会社は，会社法が定める会社の機関設計のうち会社の特性に応じて最も適切な形態を採用するに当たり，必要に応じて任意の仕組みを活用することにより，統治機能の更なる充実を図るべきである。		第4章第4節10. 統治機能のさらなる充実を図るために活用すべき任意の仕組みとは
補充原則4‒10①	上場会社が監査役会設置会社または監査等委員会設置会社であって，独立社外取締役が取締役会の過半数に達していない場合には，経営陣幹部・取締役の指名（後継者計画を含む）・報酬などに係る取締役会の機能の独立性・客観性と説明責任を強化するため，取締役会の下に独立社外取締役を主要な構成員とする任意の独立した指名委員会・報酬委員会を設置することにより，指名や報酬などの特に重要な事項に関する検討に当たり，ジェンダー等の多様性やスキルの観点を含め，これらの委員会の適切な関与・助言を得るべきである。 特に，プライム市場上場会社は，各委員会の構成員の過半数を独立社外取締役とすることを基本とし，その委員会構成の独立性に関する考え方・権限・役割等を開示すべきである。	○	第3章第2節(3)指名委員会・報酬委員会の機能発揮 第4章第4節10. 統治機能のさらなる充実を図るために活用すべき任意の仕組みとは
【原則4‒11. 取締役会・監査役会の実効性確保のための前提条件】	取締役会は，その役割・責務を実効的に果たすための知識・経験・能力を全体としてバランス良く備え，ジェンダーや国際性，職歴，年齢の面を含む多様性と適正規模を両立させる形で構成されるべきである。また，監査役には，適切な経験・能力及び必要な財務・会計・法務に関する知識を有する者が選任され	○	第3章第3節企業の中核人材における多様性（ダイバーシティ）の確保

基本原則・原則・補充原則	内　　容	2021改訂	参　照
	るべきであり，特に，財務・会計に関する十分な知見を有している者が1名以上選任されるべきである。取締役会は，取締役会全体としての実効性に関する分析・評価を行うことなどにより，その機能の向上を図るべきである。		
補充原則4-11①	取締役会は，経営戦略に照らして自らが備えるべきスキル等を特定した上で，取締役会の全体としての知識・経験・能力のバランス，多様性及び規模に関する考え方を定め，各取締役の知識・経験・能力等を一覧化したいわゆるスキル・マトリックスをはじめ，経営環境や事業特性等に応じた適切な形で取締役の有するスキル等の組み合わせを取締役の選任に関する方針・手続と併せて開示すべきである。その際，独立社外取締役には，他社での経営経験を有する者を含めるべきである。	○	第3章第2節(2)取締役会全体として必要なスキル等の確保とその組み合わせ（スキルマトリックス）の公表
			第4章第4節11. 取締役の選任に関する方針・手続の開示方法と程度
補充原則4-11②	社外取締役・社外監査役をはじめ，取締役・監査役は，その役割・責務を適切に果たすために必要となる時間・労力を取締役・監査役の業務に振り向けるべきである。こうした観点から，例えば，取締役・監査役が他の上場会社の役員を兼任する場合には，その数は合理的な範囲にとどめるべきであり，上場会社は，その兼任状況を毎年開示すべきである。		第4章第4節12. 取締役・監査役が他の上場会社の役員を兼任する場合の合理的な範囲
補充原則4-11③	取締役会は，毎年，各取締役の自己評価なども参考にしつつ，取締役会全体の実効性について分析・評価を行い，その結果の概要を開示すべきである。		第4章第4節13. 取締役会の実効性評価への対応方法
			第4章第4節14. 取締役会の実効性評価の実務的な担当者

基本原則・原則・補充原則	内　容	2021改訂	参　照
			第4章第4節 15. 取締役会の実効性評価の開示
			第5章第5節 取締役会の実効性評価
【原則4-12. 取締役会における審議の活性化】	取締役会は，社外取締役による問題提起を含め自由闊達で建設的な議論・意見交換を尊ぶ気風の醸成に努めるべきである。		第4章第4節 16. 取締役会における審議の活性化の方法
補充原則4-12①	取締役会は，会議運営に関する下記の取扱いを確保しつつ，その審議の活性化を図るべきである。 （ⅰ）取締役会の資料が，会日に十分に先立って配布されるようにすること （ⅱ）取締役会の資料以外にも，必要に応じ，会社から取締役に対して十分な情報が（適切な場合には，要点を把握しやすいように整理・分析された形で）提供されるようにすること （ⅲ）年間の取締役会開催スケジュールや予想される審議事項について決定しておくこと （ⅳ）審議項目数や開催頻度を適切に設定すること （ⅴ）審議時間を十分に確保すること		
【原則4-13. 情報入手と支援体制】	取締役・監査役は，その役割・責務を実効的に果たすために，能動的に情報を入手すべきであり，必要に応じ，会社に対して追加の情報提供を求めるべきである。 また，上場会社は，人員面を含む取締役・監査役の支援体制を整えるべきである。 取締役会・監査役会は，各取締役・監査役が求める情報の円滑な提供が確保されているかどうかを確認すべきである。		第4章第4節 17. 取締役および監査役による情報入手および支援体制

基本原則・原則・補充原則	内　　容	2021改訂	参　照
補充原則 4 -13 ①	社外取締役を含む取締役は，透明・公正かつ迅速・果断な会社の意思決定に資するとの観点から，必要と考える場合には，会社に対して追加の情報提供を求めるべきである。また，社外監査役を含む監査役は，法令に基づく調査権限を行使することを含め，適切に情報入手を行うべきである。		
補充原則 4 -13 ②	取締役・監査役は，必要と考える場合には，会社の費用において外部の専門家の助言を得ることも考慮すべきである。		
補充原則 4 -13 ③	上場会社は，取締役会及び監査役会の機能発揮に向け，内部監査部門がこれらに対しても適切に直接報告を行う仕組みを構築すること等により，内部監査部門と取締役・監査役との連携を確保すべきである。また，上場会社は，例えば，社外取締役・社外監査役の指示を受けて会社の情報を適確に提供できるよう社内との連絡・調整にあたる者の選任など，社外取締役や社外監査役に必要な情報を適確に提供するための工夫を行うべきである。	○	第 3 章第 5 節 2 . (1)取締役会によるグループ全体の内部統制・全社的リスク管理体制の構築・監督
【原則 4 -14. 取締役・監査役のトレーニング】	新任者をはじめとする取締役・監査役は，上場会社の重要な統治機関の一翼を担う者として期待される役割・責務を適切に果たすため，その役割・責務に係る理解を深めるとともに，必要な知識の習得や適切な更新等の研鑽に努めるべきである。このため，上場会社は，個々の取締役・監査役に適合したトレーニングの機会の提供・斡旋やその費用の支援を行うべきであり，取締役会は，こうした対応が適切にとられているか否かを確認すべきである。		第 4 章第 4 節 18. 取締役・監査役に対するトレーニング方針の開示
補充原則 4 -14 ①	社外取締役・社外監査役を含む取締役・監査役は，就任の際には，会社の事業・財務・組織等に関する必要な知識を取得し，取締役・監査役に求められる役割と責務（法的責任を含む）を十分に理解する機会を得るべきであり，就任後においても，必要に応じ，これらを継続的に更新する機会を得るべきである。		

基本原則・原則・補充原則	内　　容	2021改訂	参　照
補充原則4-14②	上場会社は，取締役・監査役に対するトレーニングの方針について開示を行うべきである。		第4章第4節 18．取締役・監査役に対するトレーニング方針の開示
第5章　株主との対話			
【基本原則5】	上場会社は，その持続的な成長と中長期的な企業価値の向上に資するため，株主総会の場以外においても，株主との間で建設的な対話を行うべきである。経営陣幹部・取締役（社外取締役を含む）は，こうした対話を通じて株主の声に耳を傾け，その関心・懸念に正当な関心を払うとともに，自らの経営方針を株主に分かりやすい形で明確に説明しその理解を得る努力を行い，株主を含むステークホルダーの立場に関するバランスのとれた理解と，そうした理解を踏まえた適切な対応に努めるべきである。		第4章第5節 株主との対話
【原則5-1．株主との建設的な対話に関する方針】	上場会社は，株主からの対話（面談）の申込みに対しては，会社の持続的な成長と中長期的な企業価値の向上に資するよう，合理的な範囲で前向きに対応すべきである。取締役会は，株主との建設的な対話を促進するための体制整備・取組みに関する方針を検討・承認し，開示すべきである。		第4章第5節 1．株主との建設的な対話に関する方針の開示
補充原則5-1①	株主との実際の対話（面談）の対応者については，株主の希望と面談の主な関心事項も踏まえた上で，合理的な範囲で，経営陣幹部，社外取締役を含む取締役または監査役が面談に臨むことを基本とすべきである。	○	第3章第5節 7．監査役の株主との面談
補充原則5-1②	株主との建設的な対話を促進するための方針には，少なくとも以下の点を記載すべきである。 （ⅰ）株主との対話全般について，下記（ⅱ）～（ⅴ）に記載する事項を含めその統括を行い，建設的な対話が実現するように目配りを行う経営陣または取締役の指定 （ⅱ）対話を補助する社内のIR担当，経営企画，総務，財務，経理，法務部門等の有機的な連携のための方策		

基本原則・原則・補充原則	内　　容	2021改訂	参　照
	（ⅲ）個別面談以外の対話の手段（例えば，投資家説明会やIR活動）の充実に関する取組み （ⅳ）対話において把握された株主の意見・懸念の経営陣幹部や取締役会に対する適切かつ効果的なフィードバックのための方策 （ⅴ）対話に際してのインサイダー情報の管理に関する方策		
補充原則 5 - 1 ③	上場会社は，必要に応じ，自らの株主構造の把握に努めるべきであり，株主も，こうした把握作業にできる限り協力することが望ましい。		
【原則 5 - 2．経営戦略や経営計画の策定・公表】	経営戦略や経営計画の策定・公表に当たっては，自社の資本コストを的確に把握した上で，収益計画や資本政策の基本的な方針を示すとともに，収益力・資本効率等に関する目標を提示し，その実現のために，事業ポートフォリオの見直しや，設備投資・研究開発投資・人的資本への投資等を含む経営資源の配分等に関し具体的に何を実行するのかについて，株主に分かりやすい言葉・論理で明確に説明を行うべきである。	※（字句修正）	第 4 章第 5 節 2．経営戦略や経営計画の策定・公表にあたり留意すべきこと
補充原則 5 - 2 ①	上場会社は，経営戦略等の策定・公表に当たっては，取締役会において決定された事業ポートフォリオに関する基本的な方針や事業ポートフォリオの見直しの状況について分かりやすく示すべきである。	○	第 3 章第 5 節 4．事業ポートフォリオの検討
			第 4 章第 5 節 2．経営戦略や経営計画の策定・公表にあたり留意すべきこと

巻末付録２

コーポレートガバナンス・コードを
実現するための４つの実務指針

　以下では，第１章第３節で取り上げた経済産業省が公表した４つの実務指針について，その概要を紹介します。

1 ┃ コーポレート・ガバナンス・システムに関する実務指針（CGSガイドライン）

　2017年３月31日策定されたCGSガイドラインは，2015年に策定されたコーポレートガバナンス・コードにより示された実効的なコーポレートガバナンスの実現に資する主要な原則を企業が実践するに当たって考えるべき内容をコーポレートガバナンス・コードと整合性を保ちつつ示すことでこれを補完するとともに，「稼ぐ力」を強化するために有意義と考えられる具体的な行動を取りまとめたものとなっています。CGSガイドラインの内容やコーポレートガバナンス・コードで示されている各原則を踏まえて，企業がそれぞれに適したコーポレート・ガバナンス・システムの在り方を主体的に検討する際に，CGSガイドラインで提示した検討事項も考慮して議論されることが期待されています。CGSガイドラインは2018年９月28日の改訂を経て，以下の内容で構成されています。

⑴　取締役会の在り方

①　取締役会の役割・機能

　コーポレートガバナンスを検討する際に，どのような会社を目指すのか，どのような取締役会を目指すのか，検討すべきである。

②　各社の経営・取締役会の在り方の整理

　取締役会の役割・機能について，機関設計を変更するといった大がかりな改革だけでなく，より漸進的な取り組みを含めて，監督機能強化への取り組みを検討すべきである。

③　取締役の指名

取締役の指名に関しては，取締役会に求める役割と，その実現のための構成（多様性）を指名方針の策定の際に検討すべきである。

④　取締役会の運営に関する論点

自社の取締役会の役割・機能等を踏まえて，誰が取締役会議長を務めることが適切かを検討すべきであり，取締役会の監督機能を重視する場合には，社外取締役などの非業務執行取締役が取締役会議長を務めることを検討すべきである。会社の内外のコーポレートガバナンス関連の対応を実効的に行うための体制整備を検討すべきである。

(2)　社外取締役の活用の在り方

①　社外取締役活用に向けて

企業が社外取締役を活用するために整理すべきポイントは何かを場面ごとに検討すべきである。

【図表付2-1】社外取締役を活用するための9つのステップ

ステップ	検 討 事 項	場 面
1	自社の取締役会の在り方を検討する。	社外取締役の要否等や，求める社外取締役像を検討する場面
2	社外取締役に期待する役割・機能を明確にする。	
3	役割・機能に合致する資質・背景を検討する。	
4	求める資質・背景を有する社外取締役候補者を探す。	社外取締役を探し，就任を依頼する場面
5	社外取締役候補者の適格性をチェックする。	
6	社外取締役の就任条件（報酬等）について検討する。	
7	就任した社外取締役が実効的に活動できるようサポートする。	社外取締役が就任し，企業で活躍してもらう場面
8	社外取締役が，期待した役割を果たしているか，評価する。	社外取締役を評価し，選解任を検討する場面
9	評価結果を踏まえて，再任・解任等を検討する。	

出所：経済産業省「コーポレート・ガバナンス・システムに関する実務指針（CGSガイドライン）」(2017年3月31日策定，2018年9月28日改訂)。

②　社外取締役の人材市場の拡充に向けて

社外取締役の人材市場の拡充のため，経営経験者が積極的に他社の社外取締役を引き受けることを検討すべきである。自社の経営陣が他社の社外取締役に就任することを制

約する社内規則がある場合でも，柔軟な運用を検討すべきである。

⑶　経営陣の指名・報酬の在り方

①　経営陣の指名の在り方

　経営トップの交代と後継者の指名は，企業価値を大きく左右する重要な意思決定であることを踏まえて，優れた後継者に対して最適なタイミングでなされることを確保するため，十分な時間と資源をかけて後継者計画に取り組むことを検討すべきである。社長・CEOは，優れた後継者に自社の経営を託すために，その重要な責務として，自らリーダーシップを発揮して後継者計画に取り組むことが期待され，就任したときから，自らの交代を見据えて後継者計画に着手することを検討すべきである。取締役会は，後継者計画を適切に監督し，社長・CEOの交代と後継者の指名を客観性と透明性の高い手続で行うことを検討すべきである。

【図表付2-2】後継者計画の策定・運用に取り組む際の7つの基本ステップ

ステップ	主　な　内　容
1	後継者計画のロードマップの立案
2	「あるべき社長・CEO像」と評価基準の策定
3	後継者候補の選出
4	育成計画の策定・実施
5	後継者候補の評価，絞込み・入替え
6	最終候補者に対する評価と後継者の指名
7	指名後のサポート

出所：経済産業省「コーポレート・ガバナンス・システムに関する実務指針（CGSガイドライン）」（2017年3月31日策定，2018年9月28日改訂）。

②　経営陣の報酬の在り方

　経営陣の報酬体系を設計する際に，業績連動報酬や自社株報酬の導入について，検討すべきである。中長期的な企業価値に向けた報酬体系についての株主等の理解を促すために，業績連動報酬や自社株報酬の導入状況やその内容について，企業が積極的に情報発信を行うことを検討すべきである。

③　指名委員会・報酬委員会の活用

　社長・CEOの選解任および後継者計画の監督に関して，法定の指名委員会または任

意に設置した指名委員会を利用することを検討すべきである。社長・CEOの選解任の実効性向上のために，指名委員会とともに，法定の報酬委員会または任意に設置した報酬委員会も併せて利用することを検討すべきである。指名委員会・報酬委員会の設計・運用等について，CGSガイドラインの別紙の「指名委員会・報酬委員会活用の視点」を参考として検討すべきである。指名委員会・報酬委員会（とりわけ任意のもの）を設置する場合には，対外的にその構成や運用実態について情報発信することを検討すべきである。

⑷　経営陣のリーダーシップ強化の在り方

①　相談役・顧問の在り方

　まず社内において，退任した社長・CEO経験者を自社の相談役・顧問とするかどうかを検討する際に，具体的にどういった役割を期待しているかを明確にすることを検討すべきであり，その上で，当該役割に見合った処遇（報酬等）を設定することを検討すべきである。以上の検討に際して，法定または任意の指名委員会・報酬委員会を活用するなど社外者の関与を得ることを検討すべきである。社長・CEO経験者を相談役・顧問として会社に置く場合には，自主的に，社長・CEO経験者で相談役・顧問に就任している者の人数，役割，処遇等について外部に情報発信することは意義があり，産業界がこうした取り組みを積極的に行うことが期待される。相談役・顧問として報酬を得ることを前提に，現役時代の社長・CEOの報酬が低く設定されており，報酬の後払いとなっている会社においては，現役の経営陣に対する報酬をインセンティブ報酬の導入などによる報酬の引き上げと，相談役・顧問の位置付けや報酬の見直しを組み合わせて行うことで，全体として適正化を図ることも考えられる。会社における相談役・顧問制度の検討の結果，相談役・顧問として会社に残らないこととなった元社長・CEO経験者については，積極的に他社の社外取締役に就任して，その長年の経営で培った経営の知見を活用することが，社会への貢献という観点から期待される。

②　取締役会長の在り方

　現社長・CEOに権限を集中させることの是非を踏まえて，取締役会長の権限・肩書（代表権の付与等）を検討すべきである。

2 │ グループ・ガバナンス・システムに関する実務指針（グループガイドライン）

　2019年6月28日に策定されたグループガイドラインは，主として単体としての企業経営を念頭に作成されたコーポレートガバナンス・コードの趣旨を敷衍し，グループガバナンスの在り方をコードと整合性を保ちつつ示すことで，コーポレートガバナンス・コードを補完するものです。

　グループガイドラインは，実効的なグループガバナンスの在り方に関し，経済産業省が実施した国内外のグループ経営を行う企業等に対するヒアリングやアンケート結果に基づき，グループガバナンスの実効性を確保するために一般的に有意義と考えらえられるベストプラクティスを示しています。

　なお，グループ経営の在り方は極めて多様であるため，グループガイドラインに記載の取り組みを一律に要請するものではありませんが，各企業において，最適なグループガバナンスの在り方を検討する際，グループガイドラインが実務に即した指針として，その検討に資することが期待されています。グループガイドラインは，以下の内容で構成されています。

(1) グループ設計の在り方

① グループ設計に関する基本的な考え方

　グループ設計については，各社の事業特性や多角化・グローバル化等の状況を踏まえつつ，グループとしての中長期の企業価値向上と持続的成長を実現するために合理的な在り方が検討されるべきである。グループ設計に際しては，迅速な意思決定と一体的経営や実効的な子会社管理等の必要性を総合的に勘案し，分権化と集権化の最適なバランスが検討されるべきであり，特に事業部門等への分権化を進める場合には，事後的な業績モニタリングや，事業部門等の長に対する人事・報酬決定権限の行使を通じたグループ本社によるコントロールの確保も重要である。グループ設計に際し，法人格の分離については，そのメリットとコスト・グループ管理の実効性等を勘案し，その在り方を改めて検討することも有意義である。グループ経営においては，各法人・事業部門の総和を超える企業価値を実現するため，シナジーの最大化を図るべきであり，各社における財務的シナジーと事業的シナジーの最適な組合せを明確にした上で，その方針に応じたグループ設計やガバナンスの在り方が検討されるべきである。特に事業部門間の事業的シナジーが薄れた場合には，「コングロマリット・ディスカウント」が発生しないよう，

グループ本社として，グループとしての「コングロマリット・プレミアム」の創出に向けた積極的な取り組みを行うことが期待される。また，純粋持株形態の場合には，ホールディングス（監督・事業ポートフォリオ戦略・管理）と事業会社（事業に関する意思決定・執行）の役割分担を明確にすることが重要である。

②　グループ本社の役割

グループ本社は，グループ全体としてシナジー最大化のための戦略の策定・実行や共通インフラの提供等の重要な役割を担う。グループ本社の取締役会は，グループ全体のガバナンスの実効性と子会社における機動的な意思決定を両立させる観点から，グループ各社の業務執行等に対する適切な関与の在り方を検討し，こうした役割を適切に果たしているかについて，取締役会の実効性評価の中で確認すべきである。グループ本社においては，権限配分等の基本的な枠組（共通プラットフォーム）を構築した上で，子会社の規模・特性等に応じてリスクベースでの子会社管理・監督，権限委譲を進めた場合の子会社経営に対する結果責任を問える仕組みの構築，業務プロセスの明確化やグループ共通ポリシーの明文化等について検討されるべきである。グループ本社は，グローバルな子会社管理に際して，共通プラットフォームの整備等を行うとともに，リスクベースでの子会社管理を行うなど，その実効性確保に向けた取り組みが検討されるべきである。M&A後の海外子会社の管理・監督については，グループ本社において，グローバルな経営体制の整備や子会社経営陣への適格な人材の配置等を通じ，適切な経営統合の在り方が検討されるべきである。

(2)　事業ポートフォリオマネジメントの在り方

①　事業ポートフォリオマネジメントの基本的な考え方

グループ全体の事業ポートフォリオについて，シナジーの発揮や持続的な収益性確保の観点から，定期的に見直しを行い，その最適化を図るべきであり，その際，自社にとってのコア事業を見極め，その強化のためのM&Aとノンコア事業の整理を通じ，コア事業に対する経営資源の集中投資が戦略的に行われることが重要である。グループ本社の取締役会は，事業ポートフォリオマネジメントのための仕組みの構築において主導的な役割を果たすとともに，その運用の監督を行うことが期待され，その際，経済合理性に基づく冷静な議論が行われるよう，社外取締役の主体的な関与が重要である。

②　事業ポートフォリオマネジメントの仕組みの構築

　事業ポートフォリオマネジメントを継続的に実施するため，グループ本社の取締役会が中心となり，投資や事業切出し等に関する基準の設定や検討の主体・プロセス等の明確化による「仕組み」の構築について検討されるべきである。

③　事業評価のための基盤整備

　グループ本社は，事業セグメントごとに貸借対照表（BS）やキャッシュフロー計算書を整備した上で資本コストを設定するなど，事業ポートフォリオマネジメントに向けた基盤整備として，客観的な評価指標を用いた一元的な事業評価の仕組みを作ることが検討されるべきであり，こうした仕組みの構築・運用においては，CFOが主導的な役割を果たすことが期待される。

⑶　内部統制システムの在り方

①　内部統制システムの構築・運用に関する基本的な考え方

　グループ全体での実効的な内部統制システムの構築・運用は，グループの企業価値の維持・向上の観点からも重要であり，その具体的設計に当たっては，各社の経営方針や各子会社の体制等に応じ，監視・監督型や一体運用型の選択や組合せが検討されるべきである。内部統制システムの高度化に当たっては，ITの活用等により効率性とのバランスを図ることも重要である。

②　グループの内部統制システムに関する親会社の取締役会の役割

　親会社の取締役会は，グループ全体の内部統制システムの構築に関する基本方針を決定し，子会社を含めたその構築・運用状況を監視・監督する責務を負う。

③　内部統制システムに関する監査役等の役割等

　監査役等は，内部統制システムの有効性について監査する役割を担っているが，グループ全体の内部統制システムの監査については，親会社の監査役等と子会社の監査役等の連携により，効率的に行うことが検討されるべきである。監査役等の機能発揮のため，内部監査部門の活用を図ることが有効であり，内部監査部門から業務執行ラインに加えて監査役等にも直接のレポートライン（報告経路）を確保し，とりわけ経営陣の関与が疑われる場合にはこちらを優先することを定めておくことが検討されるべきである。子会社における監査の実効性を高めるため，親会社の監査役等・会計監査人と子会社の

監査役等や内部監査部門等との連携が重要である。

④　実効的な内部統制システムの構築・運営の在り方

内部統制システムの構築・運用のため，第1線（事業部門），第2線（管理部門），第3線（内部監査部門）から成る「3線ディフェンス」の導入と適切な運用の在り方が検討されるべきである。

第1線（事業部門）：コンプライアンスを確保するため，ハード面（ルール整備やITインフラ等）とソフト面（現場におけるコンプライアンス意識の醸成・浸透）の両面から取り組むことが重要である。

第2線（管理部門）：実効的な機能発揮のため，第1線（事業部門）からの独立性を確保し，親子間で直接レポート等のラインを貫通させることが検討されるべきである。

第3線（内部監査部門）：実効的な機能発揮のため，第1線（事業部門）と第2線（管理部門）からの独立性が実質的に確保されるべきである。子会社業務の内部監査については，各子会社の状況に応じて，(ⅰ) 子会社の実施状況を監視・監督するか，(ⅱ) 親会社が一元的に実施するかが適切に判断されるべきである。

---

⑤　監査役等や第2線・第3線における人材育成の在り方

監査役等の人材育成や指名・選任に当たっては，役割認識・意欲や専門的知見について配慮すべきであり，管理部門や内部監査部門を実効的に機能させるため，経営トップはこれらの部門の重要性を認識し，中長期的な人材育成や専門資格の取得等を通じた専門性やプロフェッショナル意識の向上を図るべきである。

⑥　ITを活用した内部監査の効率化と精度向上

内部監査の効率性と精度を向上させるため，ITやデータアナリティクスの活用が検討されるべきである。

⑦　サイバーセキュリティ対策の在り方

サイバーセキュリティについて，グループ全体やサプライチェーンも考慮に入れた対策の在り方が検討されるべきである。

⑧　有事対応の在り方

中長期の企業価値を支えるレピュテーションへのダメージを最小化し，一般消費者を含む多様なステークホルダーの信頼の早期回復を図るためにも，グループ本社を中心と

して，不祥事等の早期発見と被害の最小化のための迅速な対応など，有事対応が適切に行われるべきである。有事対応の目的は，速やかに事実関係の調査，根本原因の究明，再発防止策の検討を行い，十分な説明責任を果たすことにより，ステークホルダーからの信頼回復とそれを通じた企業価値の維持・向上を図ることである。問題を把握した際の初動としては，事案の重大性を見極め，公表が必要と判断した場合には，迅速な第一報を優先させ，社会的観点から必要に応じて謝罪を行いつつ，正確な説明を心掛けるべきである。有事対応においては，当該事案に利害関係のない独立社外取締役や独立社外監査役（独立社外役員）が，いわゆる第三者委員会の設置の要否を含めた調査体制の選択，同委員会の組成・運営において主導的な役割を果たすべきである。子会社で不祥事等が発生した場合には，親会社は，事案の態様や重大性，子会社における対応可能性等を勘案し，特に必要な場合には，事案の原因究明や事態の収束，再発防止策の策定に向けた対応を主導することも期待される。

(4) 子会社経営陣の指名・報酬の在り方

① 子会社経営陣の指名・報酬に関する親会社の関与の在り方

グループとしての一体的運営や企業価値向上の観点から，親会社の取締役会および指名委員会・報酬委員会においては，例えば，主要な完全子会社の経営トップを審議対象とすることが検討されるべきである。

② グループとしての経営陣の指名・育成の在り方

グループとしての社長・CEO等の後継者計画の一環として，「タフ・アサインメント」の対象として子会社の経営陣ポスト（特に社長・CEO）を積極的に活用することも有効である。グループ内の人的資源を最大限活用するため，グループ全体として一定レベル以上のポスト・人材を選定し，評価・選抜を行う仕組みを構築し，将来の経営人材の計画的育成を行うことが検討されるべきであり，人事情報の一元化による統合的な人事管理や経営陣候補者への株式報酬の付与等も有効である。

③ グループとしての経営陣の報酬の在り方

グループとしての企業価値向上に向けてグループ各社の経営陣に適切なインセンティブを付与するため，グループとしての企業理念や経営戦略を頂点とした統一的な報酬政策を構築することが重要である。優秀な人材の確保やグループ内での最適な人材配置が円滑に行えるよう，中長期的には，グローバルな報酬水準およびその考え方の統一を目

指すことが期待されるが，当面の対応としては，職務格付けなどを用いた客観的かつ統一的な基準を導入し，これに基づき各地域における具体的な水準を決定することが検討されるべきである。グループ各社の経営陣のインセンティブ報酬の設計については，グループ全体の企業価値向上に向けた統一的な考え方の下で，報酬の種類ごとに，その目的や位置づけに即した成果指標（KPI（非財務指標を含む））を設定し，情報開示を通じて透明性・客観性を確保することが検討されるべきである。グループとしての報酬政策に関する基本的な項目や，KPIの選定理由・算定方法等について開示することが検討されるべきである。

(5)　上場子会社に関するガバナンスの在り方

①　親会社における対応の在り方

親会社は，グループ全体としての企業価値向上や資本効率性の観点から，上場子会社として維持することが最適なものであるか，定期的に点検するとともに，その合理的理由（グループの事業ポートフォリオ戦略と整合的か，ベネフィットが制約やコストを上回っているかなど，グループとしての企業価値の最大化の観点から上場子会社として維持することが合理的か）や上場子会社のガバナンス体制の実効性確保（必要な資質を備えた独立社外取締役等の適切な選解任権限の行使に係る考え方）について，取締役会で審議し，投資家に対して情報開示を通じて説明責任を果たすべきである。親会社は，グループのリスク管理上必要な事項等については，上場子会社による独立した意思決定が担保されることを前提に，事前の協議を求めることも合理的である。

②　上場子会社におけるガバナンス体制の在り方

上場子会社においては，親会社と一般株主との間に利益相反リスクがあることを踏まえ，上場子会社としての独立した意思決定を担保するための実効的なガバナンス体制が構築されるべきである。上場子会社の独立社外取締役には，業務執行を監督する役割を果たすための執行陣から独立性に加え，一般株主の利益を確保する役割も期待されるため，親会社からの独立性も求められる。上場子会社の独立社外取締役については，10年以内に親会社に所属していた者を選任しないこととすべきであり，特に一般株主の利益を保護するという重要な役割を担える人物であるかを確認の上，その指名・選任が行われるべきである。親会社は，上場子会社の独立社外取締役の選解任権限を行使するに当たっては，上場子会社のガバナンス確保に十分配慮すべきである。上場子会社においては，利益相反リスクに対応するため，実効的なガバナンスの仕組みが構築されるべき

であり，取締役会における独立社外取締役の比率を高めること（3分の1以上や過半数等）を目指すことが基本であるが，それが直ちに困難な場合においても，重要な利益相反取引については，独立社外取締役（又は独立社外監査役）を中心とした委員会で審議・検討を行う仕組みを導入することが検討されるべきである。上場子会社は，そのガバナンスの方策について，積極的に情報開示すべきである。

③　上場子会社経営陣の指名の在り方

上場子会社の経営陣については，上場子会社の企業価値向上に貢献するかという観点から，上場子会社が独立した立場でその後継者計画を策定し，候補者の指名を行うべきであり，その際，親会社と連携することは合理的であるが，親会社から提案された候補者についても，その適格性について客観的に判断すべきである。上場子会社の指名委員会は，上場子会社の企業価値向上にとって最適な経営陣の指名が行われるよう，親会社からの独立性が実質的に担保されるべきである。

④　上場子会社経営陣の報酬の在り方

上場子会社の経営陣の報酬政策については，上場子会社としての企業価値の向上への適切なインセンティブとなるよう，上場子会社において独立した立場で検討されるべきである。上場子会社の報酬委員会は，上場子会社にとって最適な報酬設計が行われるよう，親会社からの独立性が実質的に担保されるべきである。

3 事業再編実務指針～事業ポートフォリオと組織の変革に向けて～（事業再編ガイドライン）

2020年7月31日に策定された事業再編ガイドラインは，コーポレートガバナンス・コードとの整合性を維持しつつ，企業の持続的な成長と中長期的な企業価値の向上に資する形でコーポレートガバナンスを実践するためにコーポレートガバナンス・コードを補完するものです。

事業再編ガイドラインは，2019年6月28日に策定されたグループガイドラインの事業ポートフォリオマネジメントに関する議論を前提に，特に事業再編に焦点を当て，経営陣における適切なインセンティブ，取締役会による監督機能の発揮，投資家とのエンゲージメントへの対応，事業評価の仕組みの構築と開示の在り方を整理するとともに，事業の切出しを円滑に実行するための実務上の工夫について，ベストプラク

ティスとして示しています。経営陣，取締役会・社外取締役，および投資家というレイヤーごとに，コーポレートガバナンスを機能させるための具体的な取り組み等が整理され，事業の切出しを円滑に実行するための実務上の工夫についてまとめられています。事業再編ガイドラインは，以下の内容で構成されています。

(1)　経営陣における課題と対応の方向性

①　経営者の役割

　経営者の第一の使命は，企業の持続的な成長のために経営資源の最適配分を行うこと，そのためには事業ポートフォリオの最適化とシナジーの創出を図ることである。既存企業の持続的な成長の実現に向けて「両利きの経営」を実践するためには，事業ポートフォリオの不断の見直しと最適化が不可欠であり，経営者（グループ本社のCEO）が本気で取り組む必要がある。事業ポートフォリオの最適化（そのための不断の見直し）を図るための体制整備や仕組みの構築を行うことが重要である。また，シナジー創出のためには，事業部門横断的な「ファンクショナルマネジャー」の設置等の「横串」を通す方向での取り組みが有効である。また，複数の事業を有する合理的理由について，シナジー創出等のメリットがコストを上回っているかどうかという視点から，投資家等に対して説明責任を果たすことが求められる。自社が「ベストオーナー」ではない事業を抱えていても当該事業の成長戦略の実現は難しいため，従業員利益の確保という観点からも，黒字であっても，例えば（その事業における）資本収益性が資本コストを下回り，回復が難しいと見込まれる段階で早期に切出しの決断を行うことが重要である。また，事業の切出しをスムーズに実行するためにも，普段から，事業ポートフォリオを見直すことの意義について従業員の理解を深めておくことが重要である。

②　事業ポートフォリオマネジメントの在り方

　経営者は，事業ポートフォリオに関する基本方針の立案（取締役会への付議），その執行，見直しの立案を行う等，事業ポートフォリオマネジメントの一義的な責任者として主導的な役割を果たすことが期待される。事業ポートフォリオマネジメントの基本は，(i) 企業理念・価値基準に基づき，(ii) ビジネスモデルを明確化し，経営戦略を策定した上で，(iii) 事業ポートフォリオを定期的に見直す仕組みを構築し，これを適切に運用することである。事業ポートフォリオマネジメントを適切に実施するため，責任部署を明確にした上で推進体制の整備が重要である。事業ポートフォリオマネジメントの主体はグループ本社のコーポレート部門であるが，各事業部門の幹部等において，その事業の

成長戦略を主体的に検討することも重要である。事業ポートフォリオマネジメントにおいては全社的な観点からの財務的な規律付けが重要であり，CFOがその担い手になるべきであるが，日本企業においても，その機能強化を図り，積極的な役割が期待される。そのためにも，経営企画（CSO）のラインとCFOのラインとの連携を進め，特に事業ポートフォリオに関しては一体的に議論できるような関係を構築することが望ましい。また，サステナビリティやイノベーションの観点から，CTOやCIOの役割や連携強化も重要である。事業ポートフォリオを見直し，最適化を図る際の出発点となるのが既存の事業（又は事業セグメント）の評価分析であり，その際，最も重要な視点が，その事業にとって自社が「ベストオーナー」かどうかということである。事業評価においては，可能な限り，具体的なデータに基づく定量評価を踏まえた検討により，適切な事業評価とそれに基づく判断を行うことが重要である。事業ポートフォリオマネジメントを適切に行うためには，資本収益性と成長性を軸として事業評価を行うための標準的な仕組みである「4象限フレームワーク」を活用することが有効である。事業ごとの資本収益性を測る指標としてROIC（投下資本利益率）を導入し，資本コストとの比較や競合他社との比較（ベンチマーク）を行うことが重要である。また，事業ごとにROICと資本コストを比較するためには，a．まずは，ROICの算出のために，事業ごとに資産等の割付

【図表付2-3】 4象限フレームワーク（イメージ）

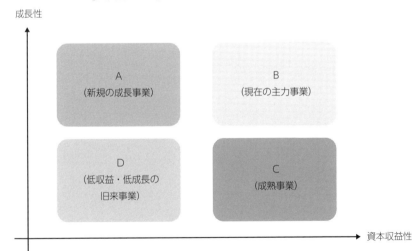

出所：経済産業省「事業再編実務指針～事業ポートフォリオと組織の変革に向けて～（事業再編ガイドライン）」（2020年7月31日）。

けを行い，ｂ．その上で，資本コストの把握のために，事業セグメントごとのBS（連結
ベース）を「ざっくり」でよいので整備することが求められる。成長性を測る指標とし
ては，市場全体の成長率等に加え，自社が当該事業を成長させられるかという観点から
評価することが考えられる。これらの指標による評価に加えて，自社が「ベストオー
ナー」かどうかという視点や，他の事業とのシナジー等についても考慮することが考え
られる。ただし，シナジーを考慮する際は，コスト等との比較分析も重要である。切出
しを検討すべき対象事業としては，特に緊急を要するのがD（低収益・低成長の旧来事
業）に属する事業と考えられるが，C（高収益・低成長の成熟事業）に属する事業で
あっても，中長期的には自社で抱えておくことがベストではない場合には早期に切出し，
自社が強みを有するA（低収益・高成長の新規の成長事業）に属する事業等への成長投
資に資金を回すことが合理的である。また，「両利きの経営」を目指す観点からは，新
規事業への成長投資については，中長期的な時間軸で評価することが重要であり，投資
家等に対して，自社の競争優位性について具体的な説明を行うことが期待される。

③　経営目標や業績評価指標の設定等の在り方

　経営目標や経営陣の業績評価指標については，経営戦略等も踏まえて体系的で一貫し
たものとなるように設定するとともに，「規模」（絶対額）から「率」（資本収益性や成
長性を基本としたもの）へ移行させていくことが重要である。また，長期的なインセン
ティブや株主利益とのアラインメントを図る方法としては，株価に連動する指標や株式
報酬の活用が有効である。経営目標等としての具体的な指標の設定については，各社の
経営戦略等に応じて行われるべきものであるが，(i) 資本収益性に関する指標として
ROIC（主に事業部門）やROE（グループ本社），(ii) 成長性に関する指標としては売上
高成長率等（オーガニックグロースベース），さらに，企業価値に対する市場評価を表
す指標であるTSR（中長期・相対評価）等を組み合わせることが考えられる。経営陣の
報酬設計については，中長期的な企業価値の向上に資する事業再編に対して経営陣に適
切なインセンティブが働くよう，長期インセンティブ報酬，特に株式報酬の比率を高め
ていくことが課題となる。また，中長期的なインセンティブとしての報酬設計の考え方
を投資家等に対して説明できるように明確化しておくことも重要である。

(2)　取締役会・社外取締役における課題と対応の方向性

①　取締役会の役割

　会社法上，会社の機関設計にかかわらず，事業ポートフォリオに関する基本方針の決

定，およびその基本方針に基づき経営陣が行う職務の執行に対する監督は，取締役会の重要な役割であり，取締役は，善管注意義務に基づき，事業ポートフォリオに関する基本方針の決定および監督に関して，中長期的な企業価値を向上させるべく，最善を尽くすことが求められる。取締役会においては，(i) 少なくとも年に1回は定期的に事業ポートフォリオに関する基本方針の見直しを行うとともに，(ii) 経営陣に対して，事業ポートフォリオマネジメントの実施状況等の監督を行うべきである。取締役会において上記の見直しや監督を行う際には，株主に対する受託者責任を踏まえ，中長期的な企業価値の向上に向けて，全社レベルの視点から検討するとともに，a. 事業ポートフォリオに関する実施体制・事業評価の仕組み・情報開示およびb. 事業ポートフォリオの内容について具体的に確認すべきである。

② 社外取締役の役割

　事業の切出しに関しては，経営陣に「現状維持バイアス」がかかりやすいとの指摘もあり，社外取締役には，事業ポートフォリオに関する検討への積極的な関与が期待される。社外取締役が，独立した立場からその検討を働きかけるとともに，必要に応じて事業の切出しに関する経営陣の判断を後押しすることや，事業評価の仕組みの構築や取締役会での議論を促すことも重要である。社外取締役が自ら投資家との対話を積極的に行い，事業ポートフォリオに関する投資家の見方を学び，対話の内容を取締役会にフィードバックすることも有意義である。また，投資家との対話の中で，事業ポートフォリオについて取締役会で十分な議論がなされていることについて社外取締役が監督者として説明することは投資家の理解と納得を得ることにもつながる。

③ 取締役会の構成

　取締役会において，事業ポートフォリオに関する基本方針の見直し等を適切に行い，それを推進する経営陣を支えるためには，その構成の多様性と高度人材の確保が重要である。事業ポートフォリオについて有意義な議論を行うためには，いずれの取締役も，個々の事業部門にとっての「部分最適」の視点ではなく，全社レベルでの「全体最適」の視点から議論することが重要であることから，取締役会は原則として，事業部門横断的な機能を担う取締役（CEOやCFO等）と社外取締役から構成されることが望ましい。

④ CEOの指名や経営陣の報酬設計を通じた監督機能の発揮

　事業ポートフォリオの組替えや事業の切出しの決断・実行ができるCEOを選任し，

業績評価や報酬設計を通じて適切なインセンティブを付与することが重要である。

⑤　取締役会の実効性評価

事業ポートフォリオに関して，取締役会および指名委員会・報酬委員会がその役割を適切に果たしているか，実効性評価の中で評価し，必要な改善措置を講じていくことが重要である。

(3)　投資家との対話や情報開示における課題と対応の方向性

①　投資家との対話や情報開示の充実

投資家にとって事業ポートフォリオマネジメントの実施状況を把握することは，スチュワードシップ責任を果たす上で重要であるため，投資家に対して，企業理念やビジネスモデル・経営戦略，事業ポートフォリオに関する基本方針，取締役会における検討状況等について，具体的に説明することが求められる。投資家において，事業ポートフォリオの組替え等に積極的に取り組む経営者を適切に評価し，後押しすることは，企業の持続的な成長を支え，企業と投資家双方の利益につながり得るものである。「スチュワードシップ・コード」の趣旨を踏まえ，投資家側においても，企業の中長期的な成長戦略やその実現のためのリスクテイクに対する理解を深める努力が期待される。事業ポートフォリオに関する基本方針に関し，(i) 企業理念・価値基準，(ii) ビジネスモデル・経営戦略，(iii) 事業ポートフォリオマネジメントのための仕組みの構築と運用について，具体的な情報開示を行うことが重要である。一つの事業セグメントにまとめられている事業がどのような関連性を持っているのかという考え方やロジックを明確にすべきであり，任意開示として，事業セグメントごとの資本収益性（ROIC等）について，具体的な定義を明示した上で，その実績値と目標値を開示することが望ましい。事業ポートフォリオに関する情報開示の媒体については，有価証券報告書が基礎・中心であり，その記述情報の記載を充実させていくべきである。その上で，法定開示と任意開示のそれぞれの特徴を踏まえ，総合的な情報開示の充実を図っていくことが望ましい。

②　事業ポートフォリオに関する株主提案・株主意見への対応

事業ポートフォリオに関する株主提案・株主意見については，会社としても，「真摯な提案には真摯に対応する」ことが基本であり，取締役の善管注意義務の趣旨も踏まえ，合理的根拠のある具体的な株主提案等については，原則として，取締役会において取り上げ，真摯な検討を行うことが望ましい。投資家側も，株主提案等を提出する場合は，

「中長期」的な企業価値の向上の観点から，十分な調査分析を行った上で，合理的根拠のあるものとし，会社側とも丁寧なコミュニケーションを行うことが期待される。

(4)　実行段階における実務上の工夫

①　経営陣の姿勢

経営者（CEO）自身がその事業の成長にとって切り出すことが最良の選択であることについて確信と覚悟を持ち，ぶれないことが重要である。また，全ての関係者にとってwin-winとなるように売却先の選定や譲渡条件の交渉を行うことや，多様なステークホルダーに対するコミュニケーションプランを策定することも重要である。

②　労働組合や従業員の理解と協力

事業の切出しを円滑に行うためには，その意義等について丁寧なコミュニケーションを行い，労働組合や従業員の理解と協力を得ることが不可欠である。意思決定の途中段階からキーパーソンとなる対象事業の幹部を議論に参画させ，情報管理には留意しつつ，管理職から現場のリーダーまで順次広げ，現場の従業員一人一人まで理解を浸透させることが望ましい。

③　適切な切出し手法（スキーム）の選択

切出し手法の選択に当たっては，手法ごとの特徴を踏まえ，会社や対象事業等の状況に応じて適切なものを選択することが求められる。特に，これまで日本で活用されてこなかったスピンオフについては，経営の独立によるフォーカスの強化等の意義を踏まえ，今後，積極的な活用が期待される。エクイティ・カーブアウト（子会社上場）についても選択肢の1つであるが，一旦上場させた後，段階的に株式を売却して独立させる過程において，上場子会社の形態をとる場合には，あくまでも「過度的形態」と位置づけた上で，少数株主との利益相反リスクに十分留意し，厳重なガバナンス体制の整備が必要である。

事業再編ガイドラインには，上記の他にも企業価値の向上への手段として事業の切出しに積極的に取り組んでいる先進的な企業等の実務上のさまざまな工夫が紹介されています。

4　社外取締役の在り方に関する実務指針（社外取締役ガイドライン）

2020年7月31日に策定された社外取締役ガイドラインは，会社法およびコーポレートガバナンス・コードの趣旨を踏まえつつ，社外取締役の役割や取り組みについて実務的な視点から整理するものであり，社外取締役に期待される基本的役割を明確にした上で，そのような役割を果たすために役立つ具体的な取り組みについてベストプラクティスを示しています。

社外取締役ガイドラインは，社外取締役の役割および心構えとして特に重要な点，社外取締役がその役割を果たすための取締役会や関係者との関係の在り方や具体的な行動，社外取締役が役割を果たすために会社側が構築すべきサポート体制の在り方を整理しています。社外取締役ガイドラインは，以下の内容で構成されています。

⑴　社外取締役の5つの心得

取締役会の職務・権限や取締役の義務・役割に関する会社法の規定や解釈などを整理した上で，こうした会社法上の位置づけを踏まえたベストプラクティスとして，社外取締役の役割および心構えとして特に重要な点がまとめられている。

心得1：社外取締役の最も重要な役割は，経営の監督である。その中核は，経営を担う経営陣（特に社長・CEO）に対する評価と，それに基づく指名・再任や報酬の決定を行うことであり，必要な場合には，社長・CEOの交代を主導することも含まれる。

心得2：社外取締役は，社内のしがらみにとらわれない立場で，中長期的で幅広い多様な視点から，市場や産業構造の変化を踏まえた会社の将来を見据え，会社の持続的成長に向けた経営戦略を考えることを心掛けるべきである。

心得3：社外取締役は，業務執行から独立した立場から，経営陣（特に社長・CEO）に対して遠慮せずに発言・行動することを心掛けるべきである。

心得4：社外取締役は，社長・CEOを含む経営陣と，適度な緊張感・距離感を保ちつつ，コミュニケーションを図り，信頼関係を築くことを心掛けるべきである。

心得5：会社と経営陣・支配株主等との利益相反を監督することは，社外取締役の重要な責務である。

心得1，2，5は，主として社外取締役の基本的な役割について，心得3，4は，社外取締役の基本的な役割を果たすための心構えについて記載されている。

⑵　社外取締役としての具体的な行動の在り方

社外取締役として期待される役割を果たすための具体的な行動の在り方について，以

下の観点でまとめられている。

- 就任時の留意事項
- 取締役会の実効性を高めるための働きかけ
- 指名・報酬への関与の在り方
- 取締役会，指名委員会・報酬委員会の実効性評価
- 取締役会以外の場でのコミュニケーション
- 投資家との対話やIR等への関与
- 情報収集，研修・研鑽

(3) 会社側が構築すべきサポート体制・環境

社外取締役が役割を果たすために，会社側が構築すべきサポート体制・環境について，以下の観点でまとめられている。

- 社外取締役への情報提供に関するサポート体制・環境
- 外部の専門家を利用する費用面のサポート

なお，経済産業省はPwCあらた有限責任監査法人に委託し，2019年11月から2020年1月にかけて，社外取締役の活動実態や課題を把握するため，東京証券取引所の市場第一部（東証一部），市場第二部（東証二部）上場企業の社外取締役を対象にアンケート調査を実施するとともに，社外取締役42名に対するインタビューを行い，ベストプラクティスを収集・整理しました。経済産業省のウェブサイトにおいて，社外取締役ガイドラインとともに，これらの調査結果が「参考資料1 社外取締役の声」および「参考資料2 社外取締役に関するアンケート調査結果」として公表されています。

■**参考文献・資料** ————————————————

「コーポレートガバナンス・コードの実務対応Q&A」，PwCあらた監査法人，中央経済社，2015年12月25日

「令和元年会社法改正と実務対応」，西村あさひ法律事務所　太田洋・野澤大和　編著，商事法務，2021年2月25日初版

令和元年度 産業経済研究委託事業（経済産業政策・第四次産業革命関係調査事業費）日本企業のコーポレートガバナンスに関する実態調査報告書，PwCあらた有限責任監査法人，2020年3月

東証上場会社コーポレート・ガバナンス白書2021，株式会社東京証券取引所，2021年3月

コーポレート・ガバナンス・システムに関する実務指針（CGSガイドライン），経済産業省，2017年3月31日策定，2018年9月28日改訂

グループ・ガバナンス・システムに関する実務指針（グループガイドライン），経済産業省，2019年6月28日

事業再編実務指針～事業ポートフォリオと組織の変革に向けて～（事業再編ガイドライン），経済産業省，2020年7月31日

社外取締役の在り方に関する実務指針（社外取締役ガイドライン），経済産業省，2020年7月31日

PwCあらた有限責任監査法人　コーポレートガバナンス強化支援チーム
～Centre for Corporate Governance in Japan～

PwCあらた有限責任監査法人では，コーポレートガバナンス・コードの導入を契機に，専門チームとしてコーポレートガバナンス強化支援チームを立ち上げました。これまで，さまざまな上場企業に対して，取締役会や監査役会の実効性評価支援，役員勉強会，ガバナンス開示支援などのサービスを提供しています。さらに，コーポレートガバナンスに関するセミナー，ウェブコラムの配信，雑誌寄稿，調査業務などの活動を行っています。

主な委託業務・調査研究等

- 経済産業省　令和2年度　産業経済研究委託事業
  「日本企業のコーポレートガバナンスに関する実態調査報告書」
- 経済産業省　令和元年度　産業経済研究委託事業
  「日本企業のコーポレートガバナンスに関する実態調査報告書」
- 経済産業省　資源エネルギー庁　令和元年度　燃料安定供給対策に関する調査事業「我が国の上流開発産業の中長期的な成長に向けた企業と政府の在り方等に関する調査」
- 経済産業省　平成30年度　産業経済研究委託事業
  「持続的な企業価値の創造に向けた企業と投資家の対話の在り方及び企業会計・開示に関する調査研究」
- 経済産業省　平成29年度　産業経済研究委託事業
  「コーポレートガバナンス改革への取組等に関する実態調査」
- 株式会社東京証券取引所委託調査「コーポレートガバナンス・コード等に関する海外運用実態調査～英国，フランス，ドイツ，シンガポール，米国～」（平成26年12月29日）

著書

- 中央経済社「コーポレートガバナンス・コードの実務対応Q&A」（2015年12月）

お問い合わせ先：jp_aarata_cg-mbx@pwc.com

■執筆者紹介

小林　昭夫

30年以上に渡り国内・海外の上場企業に対する監査業務や会計アドバイザリー業務を提供している。エネルギー業界および関連の会計処理に精通している。コーポレートガバナンス強化支援チームのリーダーを務め，複数の大手上場企業のコーポレートガバナンス強化支援，取締役会の実効性評価支援等を実施する他，コーポレートガバナンスに関連するセミナーや寄稿などの活動を行っている。また，上場企業の監査役等400名以上から構成される会員組織である「PwCあらたAudit Committee Network」の企画運営を担当。
公認会計士。公認不正検査士。

手塚　大輔

国内企業および外資系企業に対して，財務諸表監査，内部統制監査や国際財務報告基準（IFRS）等の会計アドバイザリーサービスを提供している。加えて，取締役会の実効性評価支援業務等のコーポレートガバナンス関連業務を提供している。2004年から2006年までPwC米国法人ボストン事務所に赴任。
公認会計士。

阿部　環

情報通信産業を中心に，国内および外資系企業の財務諸表監査，内部統制監査に従事した後，2008年PwCフランス法人パリ事務所へ赴任。フランスにて自動車産業，証券取引所の監査業務を行う。2014年帰国後，外国企業上場のための監査業務およびフランス企業関連業務，欧米諸国の政府における会計検査制度に関する調査研究業務を担当。
米国公認会計士。

北尾　聡子

国内上場企業・非上場企業の法定監査業務，J-SOX監査，外資系企業の親会社連結目的の財務諸表監査を担当後，IFRS・US GAAPのコンバージョン支援業務に従事，開示全般を専門分野とし，取締役会の実効性評価支援などのコーポレートガバナンス強化支援業務に従事している。コーポレートガバナンスに関連するセミナーや寄稿などの活動も行っている。
公認会計士。公認不正検査士。

足立　順子

小売業，製造業等の国内上場企業の金融商品取引法および会社法監査業務，外資系企業の監査業務の他，金融商品取引法に基づく財務報告に係る内部統制監査（J-SOX）支援業務，株式上場（IPO）支援業務，国際会計基準（IFRS）導入支援業務等への従事経験がある。現在は，財務報告アドバイザリー業務の他，取締役会の実効性評価支援業務などのコーポレートガバナンス関連業務を主に担当。
公認会計士。

PwCあらた有限責任監査法人（PricewaterhouseCoopers Aarata LLC）

PwCあらた有限責任監査法人は，PwCグローバルネットワークのメンバーファームとしてデジタル社会に信頼を築くリーディングファームとなることをビジョンとしています。世界で長年にわたる監査実績を持つPwCネットワークの監査手法と最新技術により世界水準の高品質な監査業務を提供するとともに，その知見を活用した会計，内部統制，ガバナンス，サイバーセキュリティ，規制対応，デジタル化対応，株式公開など幅広い分野に関する助言（ブローダーアシュアランスサービス）を通じて社会の重要な課題解決を支援しています。

《PwC Japanグループとは》

PwC Japanグループは，日本におけるPwCグローバルネットワークのメンバーファームおよびそれらの関連会社（PwCあらた有限責任監査法人を含む）の総称です。各法人は独立した別法人として事業を行っています。

複雑化・多様化する企業の経営課題に対し，PwC Japanグループでは，監査およびアシュアランス，コンサルティング，ディールアドバイザリー，税務，そして法務における卓越した専門性を結集し，それらを有機的に協働させる体制を整えています。また，公認会計士，税理士，弁護士，その他専門スタッフ約9,000人を擁するプロフェッショナル・サービス・ネットワークとして，クライアントニーズにより的確に対応したサービスの提供に努めています。

PwCは，社会における信頼を築き，重要な課題を解決することをPurpose（存在意義）としています。私たちは，世界155カ国に及ぶグローバルネットワークに284,000人以上のスタッフを擁し，高品質な監査，税務，アドバイザリーサービスを提供しています。詳細はwww.pwc.comをご覧ください。

2021年改訂コーポレートガバナンス・コードの実務対応

2021年9月15日　第1版第1刷発行

編　者　PwCあらた有限責任監査法人
　　　　コーポレートガバナンス強化支援チーム

発行者　山　　本　　　　継

発行所　㈱中央経済社

発売元　㈱中央経済グループ
　　　　パブリッシング

〒101-0051　東京都千代田区神田神保町1-31-2
電話　03 (3293) 3371(編集代表)
　　　03 (3293) 3381(営業代表)
https://www.chuokeizai.co.jp
印刷／㈱堀内印刷所
製本／侑井上製本所

＊頁の「欠落」や「順序違い」などがありましたらお取り替えいた
しますので発売元までご送付ください。(送料小社負担)

ISBN978-4-502-40011-7　C3034

●実務・受験に愛用されている読みやすく正確な内容のロングセラー!

定評ある税の法規・通達集シリーズ

所得税法規集
日本税理士会連合会 編
中央経済社

❶所得税法 ❷同施行令・同施行規則・同関係告示 ❸租税特別措置法(抄) ❹同施行令・同施行規則・同関係告示(抄) ❺震災特例法・同施行令・同施行規則(抄) ❻復興財源確保法(抄) ❼復興特別所得税に関する政令・同省令 ❽災害減免法・同施行令(抄) ❾新型コロナ税特法・同施行令・同施行規則 ❿国外送金等調書提出法・同施行令・同施行規則・同関係告示

所得税取扱通達集
日本税理士会連合会 編
中央経済社

❶所得税取扱通達(基本通達/個別通達) ❷租税特別措置法関係通達 ❸国外送金等調書提出法関係通達 ❹災害減免法関係通達 ❺震災特例法関係通達 ❻新型コロナウイルス感染症関係通達 ❼索引

法人税法規集
日本税理士会連合会 編
中央経済社

❶法人税法 ❷同施行令・同施行規則・法人税申告書一覧表 ❸減価償却耐用年数省令 ❹法人税法関係告示 ❺地方法人税法・同施行令・同施行規則 ❻租税特別措置法(抄) ❼同施行令・同施行規則・同関係告示 ❽震災特例法・同施行令・同施行規則(抄) ❾復興財源確保法(抄) ❿復興特別法人税に関する政令・同省令 ⓫新型コロナ税特法・同施行令 ⓬租特透明化法・同施行令・同施行規則

法人税取扱通達集
日本税理士会連合会 編
中央経済社

❶法人税取扱通達(基本通達/個別通達) ❷租税特別措置法関係通達(法人税編) ❸連結納税基本通達 ❹租税特別措置法関係通達(連結納税編) ❺減価償却耐用年数省令 ❻機械装置の細目と個別年数 ❼耐用年数の適用等に関する取扱通達 ❽震災特例法関係通達 ❾復興特別法人税関係通達 ❿索引

相続税法規通達集
日本税理士会連合会 編
中央経済社

❶相続税法 ❷同施行令・同施行規則・同関係告示 ❸土地評価審議会令・同省令 ❹相続税法基本通達 ❺財産評価基本通達 ❻相続税法関係個別通達 ❼租税特別措置法 ❽同施行令・同施行規則(抄)・同関係告示 ❾租税特別措置法(相続税法の特例)関係通達 ❿震災特例法・同施行令・同施行規則(抄)・同関係告示 ⓫震災特例法関係通達 ⓬災害減免法・同施行令(抄) ⓭国外送金等調書提出法・同施行令・同施行規則・同関係告示 ⓮民法(抄)

国税通則・徴収法規集
日本税理士会連合会 編
中央経済社

❶国税通則法 ❷同施行令・同施行規則・同関係告示 ❸同関係通達 ❹租税特別措置法・同施行令・同施行規則(抄) ❺新型コロナ税特法・令 ❻国税徴収法 ❼同施行令・同施行規則・同告示 ❽滞調法・同施行令・同施行規則 ❾税理士法・同施行令・同施行規則・同関係告示 ❿電子帳簿保存法・同施行令・同施行規則・同関係通達 ⓫行政手続オンライン化法・国税関係法令に関する省令・同関係告示 ⓬行政手続法 ⓭行政不服審査法 ⓮行政事件訴訟法(抄) ⓯組織的犯罪処罰法(抄) ⓰没収保全と滞納処分との調整令 ⓱犯罪収益規則(抄) ⓲麻薬特例法(抄)

消費税法規通達集
日本税理士会連合会 編
中央経済社

❶消費税法 ❷同別表第三等に関する法令 ❸同施行令・同施行規則・同関係告示 ❹消費税法基本通達 ❺消費税申告書様式等 ❻消費税法等関係取扱通達等 ❼租税特別措置法(抄) ❽同施行令・同施行規則(抄)・同関係通達 ❾消費税転嫁対策法・同ガイドライン ❿震災特例法・同施行令(抄)・同関係告示 ⓫震災特例法関係通達 ⓬新型コロナ税特法・同施行令・同施行規則・同関係告示・同関係通達 ⓭税制改革法等 ⓮地方税法(抄) ⓯同施行令・同施行規則(抄) ⓰所得税・法人税政令等(抄) ⓱輸徴法令(抄) ⓲関税法令(抄) ⓳関税定率法令(抄)

登録免許税・印紙税法規集
日本税理士会連合会 編
中央経済社

❶登録免許税法 ❷同施行令・同施行規則 ❸租税特別措置法・同施行令・同施行規則(抄) ❹震災特例法・同施行令・同施行規則(抄) ❺印紙税法 ❻同施行令・同施行規則 ❼印紙税法基本通達 ❽租税特別措置法・同施行令・同施行規則(抄) ❾印紙税額一覧表 ❿震災特例法・同施行令・同施行規則(抄) ⓫震災特例法関係通達等

中央経済社